기획에서 유통까지,
나만의 책 만들기

마이크 & 김현경

당신의 창작을 응원하며,

들어가며,

마이크

　대학을 다니고 회사 생활을 하는 동안, 저의 유일한 취미는 필름 카메라로 풍경을 담는 것이었어요. 주말, 방학 그리고 휴가를 맞으면 필름 카메라들을 들고 이곳저곳을 다니며 많은 사진을 남겼습니다. 사진들이 차곡차곡 쌓이며, '이 사진들로 사진집이라는 걸 만들어보고 싶다'는 생각이 들었어요. 그저 '만들어 볼 수 있으면 좋겠다' 정도의 생각이요.

　하루는 잡지사에 일하는 친구가 "여행 사진들 있으면 줘 봐"라는 말을 해주었고, 보낸 사진들 가운데 두 장이 잡지에 실리게 되었는데, 그때의 느낌이 아직도 선명해요. 저는 잡지를 구입하는 사람도, 즐겨보는 사람도 아니었거든요. 그런데 잡지에도 종이 냄새가 있다는 걸 처음으로 느껴본 거예요. 제가 찍은 사진이 나온 페이지를 손으로 만져보고, 손가락으로 쓱- 넘겨보는데 종이에 담긴, 그러니까 책에 담긴 제 사진들이 그렇게 좋을 수 없었어요. 후로 기회가 이어 연달아 사진들을 잡지사에 드릴 일이 있었고, 그럴 때마다 '아, 정말 내 사진으로 가득 채운 나만의 사진집을 만들고 싶다'라는 생각이 점점 강하게 들었습니다. 하지만 기성 출판사에서 책을 낸다고 생각했을 때, 그 책은 작가가 유명하거나 사진에 특화된 전문가여야 할 것 같았어요. 이런 생각이 드니, 취미로 사진 활동을 하는 저의 사진집을 만들어 줄 일은 없을 테고, 저는 막연한 꿈을 가진 채 시간을 보냈죠.

2012년에 처음으로 '독립출판'에 대한 개념을 인지하게 됐어요. 그때부터 '오, 내 돈으로 내가 직접 책을 만들면 되겠구나'라는 생각을 갖고, 독립출판을 시작하게 되었습니다. 그렇게 꿈으로만 간직했던 사진집 만들기를 정말 실현하게 된 거예요. 첫 책을 준비하면서 정말 즐거웠어요. 사진집 디자인을 맡아준 <스튜디오 디오브젝트> 친구들과 늦은 밤까지 이야기를 나누며 작업을 했고, 그해 가을 첫 번째 책을 만나게 되었죠.

독립출판을 하게 되면서 제 삶엔 정말 많은 변화가 있었어요. 독립출판이 너무 좋아서 책을 꾸준히 만듦과 동시에 책방을 열었거든요. 여러분이 알고 있는 <스토리지북앤필름>의 시작이죠. 책방을 열고 얼마 지나지 않아, 다니던 은행을 그만두며 전업으로 책방을 운영하기까지 이르렀어요. '과연 독립출판에는 어떤 매력이 있는 것일까?', '나는 어쩌다가 이런 삶을 살고 있는 걸까?'라는 생각을 아직도 종종 하곤 하는데요. 대개 비슷한 결론에 닿습니다. 누구에게나 각자의 콘텐츠는 있잖아요. 그것들을 혼자서만 간직한 채 묵혀두는 것이 아니라, 나만의 책으로 만들어 선보이고, 전혀 모르던 사람들을 만나 또 새로운 작업을 이어가는 과정이 제법, 아니 굉장히 즐거운 일로 느껴져요. 그래서 지금까지도 독립출판을 즐기며 책방 일, 그리고 책 만드는 일을 이어갈 수 있는 것 같기도 합니다.

'내가 느낀 것을 다른 사람도 알게 된다면 어떨까?' 하는 생각으로, 2014년 <나만의 책 만들기> 워크숍을 시작했어요. 운영하는 책방 <스토리지북앤필름>을 비롯해 서울의 몇몇 책방들은 물론 제주의 책방에서도 동일한 프로그램을 운영해왔죠. 이 글을 쓰는 2023년 1월까지 도합 106기, 총 2,523분과 이 수업을 함께 해왔더군요. 수강생분들을 만나보면 정말 저와 비슷하게 독립출판이 그들 삶의 전환점이 된 경우를 많이 마주할 수 있었어요. 책을 만드는 것, 그리고 그 작업을 이어가며 자신에 대해 알게 되고 자신의 작업을 사랑하게 될 수 있는 계기가 된 것 같아 뿌듯한 순간들을 빈번하게 마주하고 있습니다. '이 워크숍을 시작하기 정말 잘했다. 지금까지 이어오길 잘했다'라는 생각을 하면서 새로운 수강생분들을 기다리죠.

  수강생분들은 서울과 경기, 인천에서 가장 많이 오시지만 대구, 창원, 부산, 광양, 광주 등 전국 각지에서 매주 기차나 버스를 타고 오시는 경우도 적지 않아요. 먼 걸음을 해야 하는 탓에, 늘 죄송스럽고 고마운 마음이 함께 들었는데요. 그렇다면 책방에 오셔서 수업을 듣지 않더라도 각자의 자리에서 독립출판물을 만들어볼 순 없을까? 이 질문이 시작되었죠. 더불어, 더 많은 분들이 이와 같은 경험을 해봤으면 좋겠는 바람으로 <나만의 책 만들기> 책을 기획하고 준비하게 됐습니다. 얼마나 많은 분들께서 이 책을 통해 독립출판을 작업하실지 감히 상상은 되지 않지만, 부디 한 분이라도 작업을 이어 나가 한 권의 책을 만들고, 그다음 책을 만들어보는 경험을 해보시길 바랄 뿐입니다. 여러분, 이 책과 함께 나만의 책을 한번 만들어 봅시다.

목차

들어가며 - 마이크

0. 독립출판이란? - 014

독립출판이란 무엇이라고 생각하시나요? / 책에 대한 유연한 사고 / 책다운 책 / 책 읽기에 대하여 / 개인적인 이야기가 보편적인 이야기가 될 수 있어요 / 매일 작은 기록을 남겨보아요 / 누가 내 책을 읽을까? 사기는 할까? / 책으로 먹고 살 수 있나요? / 독립출판 제작의 전체적인 맥락

1. 나만의 책 기획하기 - 032

1) 기획하기

아직 어떤 책을 만들지 감이 안 오는 분들께 / 이미 정해진 주제가 있다면, 기획 발전시키기 / 내 책의 기획을 마무리했다면, 이런 기획안은 어때요?

2) 기획의 예시들 : 무엇이든 책이 될 수 있어요!

독립출판물을 기획한다는 것은,

2. 나만의 콘텐츠 제작하기 - 052

자유로운 독립출판 콘텐츠 만들기

1) 작업에 집중하는 시간, 혹은 기간

글쓰기 모임 / 다양한 글쓰기 툴 / 글쓰기에 집중이 어렵다면,

2) 교정 교열
부산대 맞춤법 검사기 / 표준국어대사전 / 네이버 국어사전 / 비문을 잡아내자! / 편집자의 자세로
3) 제목 정하기
4) '나만의', '콘텐츠'임을 잊지 말자

3. 나만의 책 디자인하기 – 068
1) 판형 정하기
내 책에 어울리는 판형은 무엇일까? / 다른 책의 판형을 많이 참고해보자 / 책의 날개
2) 내지 디자인
인디자인과 퍼블리셔에 대하여 / 도련 / 레이아웃을 먼저 짜봅시다! / 다양한 폰트(서체) / 폰트 크기와 줄 간격
3) 표지 디자인
무드 보드를 만들었다면 / 인디자인과 일러스트레이터 / 표지 디자인 레이아웃 / 사진을 이용해, 쉽게 그럴듯한 표지 만들어보기 / 북 커버나 띠지는 어떻게 디자인하나요?
4) 디자인 작업과 함께 알아두면 좋을 것들
인쇄용 PDF로 / 목업 만들기 / 책 홍보물 만들기
5) 디자인에 관한 질문들
디자인 작업이나 일러스트 작업이 너무나 어렵다면? / RGB에서 CMYK로 변환된다면? / 박, 후가공이 들어가는 경우 어떻게 저장하는 건가? / 별색 작업을 하고 싶은데, 어떻게 작업하나요? / 사진 및 이미지 저작권에 대해서

4. 나만의 책 인쇄하기 - 098

인쇄비는 얼마나 들까요? / 먼저, 가제본을 인쇄해보아요!

1) 인쇄의 기본 지식들

종이 선택 / 평량 / 종이의 종류 / 더 자세한 종이 설명! / 인디고 인쇄와 옵셋 인쇄 / 판(CTP)에 대하여 / 인디고 인쇄와 옵셋 인쇄 방식의 차이 / 마스터 인쇄는 무엇일까? / 제본 형태 / 책등 너비(세네카) / 인쇄소와 감리

2) 인쇄소에 책을 맡기기 전에 어떤 것들을 정해야 할까?

정해야 할 것들과 예시 / 2도 인쇄와 흑백 사진

3) 인쇄에 대한 질문들

인쇄 용어들

5. 나만의 책 유통하기 - 136

0) 유통을 위한 준비물

탄탄한 서지정보 준비 / 작가의 SNS 계정 / ISBN이 꼭 있어야 하나요? / 가격은 얼마로 하면 좋을까요?

1) 독립출판물을 다루는 책방에서의 판매

책방으로의 책 배송은 어떻게 할까요? / 책방 입고 시 참고하면 좋을 사항 / 독립 서점에서 입고 기준은 어떻게 되나요? / 독립출판물을 다루는 책방 리스트

2) 1인 출판사 등록

3) 직접 판매

4) SNS 판매

5) 크라우드 펀딩 도전하기

6) 북페어 참가하기 : 나의 책을 직접 판매하고 소개하기

7) 해외 서점 입고 및 해외 페어 참가
8) 전자책으로도 책을 판매할 수 있나요?

덧, 마이크와 현경의 대담 - 184

나가며 - 김현경

0. 독립출판이란?

독립출판이 무엇이라고 생각하시나요?

    독립출판 수업을 시작할 때 가장 먼저 여쭤보는 질문입니다. 소량으로 만드는 책? ISBN이 없는 책? 출판사 없이 만드는 책? 등 정말 다양한 대답을 듣곤 하는데요. 저는 "모두 정답"이라고 말씀드리고 있어요. 소량과 대량, ISBN의 유무, 출판사의 여부가 중요하기보다는, '책을 만든 사람이 만들고 싶은 대로 만들었냐, 그렇지 않냐'가 가장 중요한 부분이라고 생각해요. 더불어 독립출판의 기획, 제작, 인쇄, 유통 등 일련의 과정을 한 사람 혹은 한 팀이 도맡아서 운영하는 점도 말이죠.

    이런 관점에서, 원고만 받아 주문 제작해주는 플랫폼

에서 나온 책들은 독립출판이라고 생각하지 않아요. 그 이유는 책을 만든 사람이 만들고 싶은 대로 책을 만들 수 없는 구조와 방식이다 보니 다양한 콘텐츠를 가지고 다양한 형식과 형태를 가지는 독립출판의 매력을 어디에서도 느끼기 어렵기 때문이죠. 물론 내가 디자인의 능력이 부족해서 디자이너들과 협업하여 만들 수는 있겠지만, 이미 짜인 기존의 틀에 원고와 사진만 바꾼 채로 나오는 책들을 독립출판이라 생각하기는 어렵다는 것이죠. 직접 책을 만드는 일의 대안으로 생각해 볼 수도 있겠지만, 한 번만 직접 작업해보시면, 주문 제작 시스템을 통하지 않고도 나의 개성이 들어간 독립출판물을 충분히 만드실 수 있다고 생각해요. 꼭 나의 손으로, 나의 힘으로 책 만드는 작업을 해보셨으면 좋겠습니다. 비용도 훨씬 덜 들어요!

책에 대한 유연한 사고

책방을 운영하다 보면 손님들께서 하시는 얘기들이 정말 잘 들려요. "야 이것도 책으로 만들어?", "너무 별로다", "네가 사진 찍은 걸로 만들면 되겠다", "이걸 돈 주고 팔아?"…. 정말 다양한 이야기들이 책방에서 오가는데요. 위와 같은 이야기들을 들을 때마다 속으로 안타까운 마음이 들곤 합니다. 나와 맞지 않다고 하여, 나와 다르다고 해서 그 대상을 쉽게 판단하는 것에 대한 아쉬움도 큽니다. 책을 만든 사람들은 굉장히 많은 고민 끝에 콘텐츠를 결정합니다. 판형(책의 크기)은 어떤 게 적절할지, 종이는 무엇으로 결정할지, 후가공은 어떻게 하면 좋을지 등 책을 만들기 위한 수도 없이 많은 과정이 있었을 텐데, 그 사정을 알지 못한 채 단지 결과물만을 보고 쉽게 판단할 수 있을까 싶습니다. 나와 맞지 않다면, 나랑 다른 것뿐이지 그게 나쁘다거나 '구리'다거나 하는 생각은 넣어 두시면 좋지 않을까 싶어요. 내게는 맞지 않을 수 있어도 어느 누군가는 그 책을 선뜻 구입하거든요. 한 대상을 볼 때, '다르다'는 시선으로 결과물을 바라봐주시면 좋겠어요. 나의 판단이 항상 옳은 건 아니니까요.

책다운 책

책에 대한 유연한 사고에 이어 '책다운 책'에 대한 생각도 한번 해보시면 좋을 듯해요. "책은 책다워야지"라는 말을 누군가가 한다면, 과연 그가 말하는 '책다운 책'은 어떤 느낌일까요? 직사각형에 대략 200페이지는 되고, 양장이면 더 좋고…. 우리가 인식하고 있는 책의 형상이겠지요? 하지만 저는 '책다운 책'이 무엇인지는 각자의 판단에 따라 다르다고 생각해요. 어떤 작가가 한 장의 종이를 <책>이라고 부른다면 그것도 책이 될 수 있다고 생각합니다. 종이 한 장일수도 있고 여러 장의 종이를 엮어 묶을 수도 있겠죠. 냉장고에 붙여진 쪽지도 책이 될 수 있는 것처럼요. 시야를 조금만 더 넓히고 보시기를!

책 읽기에 대하여

매년 연초가 되면 '올해는 책 12권 읽기'를 계획하는 경우들을 종종 봐왔는데요. 조금 아쉬웠던 부분은 책을 읽는 행위, 책을 보는 행위가 마치 밀린 숙제를 해내야 한다는 느낌으로 다가왔다는 거예요. 책 읽는 걸 하나의 놀이로 생각해 보시면 어떨까요? 한 편의 소설을 볼 때, '오, 잘 읽힌다' 혹은 '이 소설 왜 이래?' 하는 생각이 들 수 있을 텐데요. 전자라면 시간이 닿을 때 천천히 즐기면서 읽어 내려가면 될 것이고, 후자인 경우에는 그냥 책을 덮어도 되잖아요. 예를 들어, OTT(넷플릭스 등)를 통해 시리즈, 영화를 보다가 마음에 들면 계속 볼 수 있고, 반면 마음에 들지 않으면 중간에 종료할 수 있는 것처럼 말이죠. 읽다가 덮어버린 책에 대한 죄책감은 넣어두고 다음에 다시 마음에 드는 책을 만나면 되지 않을까요?

개인적인 이야기가 보편적인 이야기가 될 수 있어요.

"선생님, 블로그 비밀 일기장에 글을 쓴 게 있는데 그걸로 책을 만들어도 될까요?"

"새벽 두 시마다 침대 머리맡에 둔 노트에 쓴 글들이 있는데 책을 만들 수 있을까요?"

"지극히 개인적인 이야기인데 책을 만드는 게 의미가 있을까요?"

이미 책을 만들기로 결심해 가져오신 원고임에도, 개인적인 이야기인데 괜찮을지 염려하는 경우가 많습니다. 막상 수업이 시작되면 위와 같은 질문을 정말 많이, 매 기수마다 받을 정도로요. 지극히 사적인 이야기들이 책이 될 수 있냐고요? 저는 독립출판물을 정말 좋아하고, 지금까지도 사랑하는 이유가 개인의 이야기들이 글이나 사진, 그림들로 다채롭게 표현되어있기 때문인데요. 책을 통해 직접 경험할 수 없는 다양한 세상을 만날 수 있는 거잖아요. 우리는 저마다 목소리가 다르고 키도 다르고 생각도 다르고 성격도 다른 것처럼, 책의 내용 역시 모두 다를 수밖에 없다고 생각해요. 그 사람이 아니면 어떤 누구도 대체할 수 없는 유일무이한 이야기인 거예요. 그러니 개인적인 이야기라고 생각해서 꺼내기 두려워하지 않았으면 좋겠어요.

그런 의미에서 독립출판물은 그 책을 만든 사람이 가장 잘 드러나는 결과물이 아닐까 싶어요. 책에 담긴 이야기들도, 그리고 책의 형태도 말이죠. 우리들은 누구보다 뛰어나기 위해 이 세상을 사는 게 아니라, 각자의 성격과 색을 잘 드러내며 살아가는 거라 생각해요. 여러분이 지닌 개성을 잘 살리고, 자연스레 좋아하는 사람들끼리 모이고, 또 서로를 응원해주면서요. 가장 뛰어나지 않다고 해서 나의 작업물을 꺼내 보이는 일을 두려워하지 말아요. 우리들 하나하나가 세상의 구성원이듯이, 여러분이 저마다 만든 책 한 권 한 권이 모여 저희 책방이 만들어졌어요. 개개인의 이야기가 없다면 모든 건 불가능해요.

예전에 노처녀 잡지 <농>을 만들었던 편집장님께서 하셨던 이야기 중에 "정말 아무도 생각하지 않을 것 같은 생각조차 같은 사회에서 최소 2% 이상은 동일한 생각을 한다"는 얘기가 있어요. 이 말처럼 내가 일상에서 느꼈던 것들을 표현했을 때, 생각보다 훨씬 더 많은 사람들이 나의 이야기를 귀담아들어 줄 수 있고 공감해줄 수 있다고 생각합니다. 서랍장에 있는 일기장을, 누군가로부터 받았던 편지들을 한번 찾아보세요. 새로운 책을 만들어 줄 키(key)가 될지도 모를 일입니다.

책방에서 책을 쓴 사람과 읽는 사람이 서로 마주할 수는 없지만, 책을 통해 서로의 생각을 알게 되고 공감하게 되는 경험을 나눌 수 있잖아요.

매일 작은 기록을 남겨보아요.

똑같은 하루를 사는 건 분명 아닌데, 매일매일이 똑같은 하루로 기억되는 경우가 많지 않나요? 지금 이 글을 쓰고 있는 저도 그런대요. 이렇게 생각하게 되는 이유는 조금씩 다른 매일을 기록하지 않기 때문에 일상을 똑같은 하루라고 기억하게 되는 것 같아요. 사실 똑같은 하루는 없는데 말이죠.

자신을 위해서 기록하는 행위를 해보시면 나의 삶이 조금이나마 다르게 다가올 수 있을 거예요. 아주 간단한 메모라도 충분해요. '오, 어제는 이걸 했구나', '맞아, 그제는 무엇을 먹었구나', '참, 지난주에는 누구를 만나서 뭘 했었지'하며 삶을 돌이켜 봤을 때 기억에 남는 포인트들이라도 말이죠. 익숙하지 않은 일이라 처음엔 번거롭게 느껴질 수 있지만, 차차 습관이 들면 편하게 짧은 글로 기록을 남길 수 있을 텐데요. 그때그때 기록하는 기록물은 입체감 있게 읽혀요. 여러분의 지금을 흘려보내지 않고 작은 순간들을 기록한다면, 언젠가 생동감이 넘치는 책으로 만들어볼 수도 있겠죠.

예를 들어, 지금 이 책을 읽는 순간을 글로 표현해본다고 생각해볼까요? 그저 책 읽는 지금을 무엇으로 표현할 수 있겠냐고요? 생각보다 표현할 수 있는 건 훨씬 많아요. 가장 쉽게 청각, 시각, 촉각, 후각 등 감각을 활용해 글로 표현해볼 수 있겠죠. 손끝의 촉감은 어떤지, 어떤 음악을 듣고 있는지, 코로 들어오는 냄새나 그걸 통해 느껴지는 감각 등을 말이에요. 고작? 이라고 생각하실지도 모르겠어요. 하지만 돌이켜보세요. 딱 하루가 지난 바로 어제, 얼마나 기억나나요? 이미 지난 시점을 돌아보면 생각보다 희미해요. 표현할 수 있는 디테일에 분명 한계가 있을 거예요. 평소처럼 지금 이 순간을 흘려보내고, 내일 돌아보면 '아, 어제 책 읽었지' 혹은 '책 읽으면서 어떤 음악 들었지' 정도의 굉장히 평면적인 기록에 그칠 거예요. 그러니 지금을 놓치지 말고 여러분의 순간을 포착해 보세요.

사건의 한복판이라는 표현이 있습니다. 지금의 경험을 담아 쓴 입체감 있는 기록은 활자에도 생생하게 담기는 경우가 많아요. 어느 누군가가 세세하게 기록한 기록물을 보면 그가 느낀 것과 동일한 느낌은 아니더라도, 굉장히 비슷한 느낌을 받게 되곤 하잖아요. 저는 그게 책을 통해 전달되는 경험을 해요. 책을 읽는 독자도 느낄 수 있는 정도인데, 직접 기록을 한 사람에게는 어떻겠어요? 오랜 시간이 지난 뒤에도 당시의 마음과 기분이 생생하게 다가오지 않을까요. 그렇게 된다면 매일 똑같아 보이는 무미한 일상이 알록달록 다채로운 하루들로 채워질 거예요.

매일의 기록이
한 권의 책이 될지도요.

누가 내 책을 읽을까? 사기는 할까?

독립출판물을 준비할 때, '내 이야기가 담긴 책을 누가 읽을까?', '누가 사줄까?'라는 생각을 하기 마련인데요. 누가 내 책을 봐주겠는지를 먼저 생각하기보다는, 내가 이 책을 정말 만들고 싶은지, 지금 이 과정이 나에게 어떤 의미가 있는지를 먼저 생각했으면 좋겠어요. 물론 많은 사람들이 나의 책을 사랑해주고 좋아해주면 그보다 좋은 일은 없겠지만, 조금은 '나'에게 초점을 맞추었으면 해요. 책이란 필연 타인에게 보일 수밖에 없는 매체이긴 하죠. 하지만 '어떤 누군가가 내 책을 좋아해 주겠지'라는 생각에 매몰된 상태로 작업한다면 막상 책이 나온 후에 조금 실망할 수도 있기에 염려가 돼요. 뒤늦게서야 '이 책은 과연 누구에게 의미가 있는 책이지?'라는 생각이 들 수 있어요.

그러니 최소한 '나'를 위한 작업이었으면 좋겠어요. 내가 정말 만들고 싶은 책인지, 이 책을 통해 다른 사람들과 소통하고 싶은 이야깃거리인지 말이죠. 그래야 결과가 어떻든 적어도 나에게만큼은 의미 있는 작업이 될 테니까요. 시간이 흘러 문득 발견한 내 책이 오랜만에 친구를 만난 느낌이면 좋지 않을까요? 과거의 나를 반갑게 마주하는 기분을 놓치지 말자고요.

책으로 먹고 살 수 있나요?

제가 항상 확답하진 않는 성향이고 독립출판에 있어서 정답은 없다고 생각하고 있기에, 확언하지는 않는 편인데요. 이 질문에 대한 대답은 감히 "아니요"라고 답할 수 있지 않을까 싶어요. 현실적으로 얘기해 볼까요. 예를 들어 에세이 200페이지 분량으로 손에 잡히는 판형의 책을 1,000부를 제작한다면, 대략 150~200만원 정도의 비용이 들어요. 우리가 어딘가에 투자를 할 때, 200만원을 투자하고 먹고 살 생각을 하지 않잖아요. 은행에 넣어두면, 1년 후에 들어올 이자는 상당히 적은 금액인 것처럼 말이죠. 물론 책을 꾸준히 발행하며 창작 활동을 이어 나간다면 다른 이야기가 될 수 있겠지만, 1년에 두세 권 발행을 한다 해도 책을 판매해서 먹고살기에는 턱없이 부족한 금액이 될 수 있어요. 더불어 출판사와 계약할 경우 인세 10%를 수입으로 고려한다면, 정가 1만원의 책을 1,000권 제작할 시 100만원의 고료를 받게 되겠죠. 수개월, 수년 동안 작업한 것에 비하면 그에 대한 보상은 적게 느껴질지도 모르겠어요.

그럼에도 불구하고 나의 콘텐츠가 담긴 책을 낸다는 건 나라는 사람을 세상에 조금이나마 알릴 수 있는 기회가 되고, 그 기회가 새로운 일로 발전되는 일들이 참 많아요. 사진을 찍는 사람들은 사진과 관련된 일이 연결되기도 하고, 그림을 그리는 사람들은 그림의 일로, 글을 쓰는 사람들은 글 쓰는 일로 발전되기도 합니다. 누구보다 뛰어날 필요는 없다고 생각해요. 각자 작업물의 개성을 보고 그 개성을 좋아하는 사람들이 연결되겠지요. 이 이야기를 반복적으로 언급하는 이유는 수강생분들께서 종종 "선생님 저는 뛰어난 글을 쓰는 사람이 아닌데, 누구보다 그림을 잘 그리는 사람이 아닌데, 사진을 잘 찍는 사람이 아닌데"라는 말씀을 많이 해주셨기 때문이에요. 물론 뛰어난 사람도 있겠지만, 뛰어나지 않아도 충분히 각자의 색들이 빛난다고 생각해요. 그것만으로도 멋지고 또 새로운 일로 연결이 된다면 책을 만든 보상이 충분하지 않을까 싶습니다.

유명한 작가분들도 글만 쓰고, 그림만 그리거나 사진만 찍으며 경제활동을 영위하는 경우는 찾기 어려운 만큼, 책으로 먹고살기는 힘들겠지만, 이게 씨앗이 되어 새로운 일들을 하며 생활을 영위할 수 있는 경우들은 많습니다. 일명 N잡러라고 부르는 것처럼 점차 우리들이 사는 세상은 여러 개의 직업을 갖게 되지 않을까 싶습니다. 독립출판은 좋아하는 일을 통해 얻을 수 있는 보상이 적어 보일 수도 있지만, 눈에 보이지 않는 많은 것들을 얻는 기회가 될 수 있습니다.

독립출판물 제작의 전체적인 맥락

1. 기획
2. 콘텐츠 제작
3. 디자인
4. 인쇄
5. 유통

독립출판물 한 권을 만드는 일을 다섯 가지 단계로 나누어 보았어요. 첫 번째로는 '어떤 책을 만들지'를 정하는 기획 단계, 두 번째는 기획한 콘텐츠를 제작하는 단계입니다. 이 두 단계는 함께 하거나 순서가 반대가 될 수도 있어요. 예를 들어, 먼저 만들어진 콘텐츠를 가지고 기획을 발전시켜 만들 수도 있지요. 기획 단계에서는 기획하는 우리만의 방법을 제시할 예정이에요.

콘텐츠가 만들어지면 책 디자인을 합니다. 디자인 파트에서는 사용하는 툴과 디자인을 하기 위한 방법을 제시할 예정이에요. PDF 자료로 디자인이 완성되었다면 책을 인쇄하는 단계로 넘어갑니다. 마지막으로, 인쇄와 제본이 완료된 책을 독립출판물을 다루는 책방들에 입고하는 방법까지 알아보는 것이 이 책의 순서예요.

1.
나만의 책 기획하기

독립출판물을 기획하는 데에 있어서 법칙이나 정해진 기획안은 없어요. 자유롭게 자신만의 것을 잘 표현해낼수록 좋다고 생각해요. 다만, 우리가 함께 이 장에서 '기획하기'를 다룰 때는, '어떻게 나만의 책을 잘 기획할 수 있을까?'하는 질문에 대한 답을 저희의 경험에서 나온 방법으로 제시해보려 해요. 다시 한번 말씀드리지만, 책을 기획하는 방법은 무궁무진합니다. 우리는 우리의 경험을 녹여 작은 방법을 제시해봅니다. 이 방법을 따라도 좋고, 따르지 않아도 좋아요. 우리는 '나만의 책'을 만들 거니까요.

1. 기획하기

아직 어떤 책을 만들지 감이 오지 않는 분들께
1) 나는 어떤 사람인지 생각해보기
2) 내가 써둔 글, 내가 모아둔 콘텐츠는 주로 어떤지 둘러보기
3) 내가 관심 있는 분야는 무엇인지 생각해보기

위의 세 가지 방법 모두 '나'와 연관이 있어요. 나 자신이 가진 성격이나 생각, 겪은 경험으로 책을 만들 수 있겠죠. 모아둔 콘텐츠, 그러니까 글이나 사진, 그림 같은 것들을 쭉 나열해보고 그중에서 하나의 중심 주제를 찾는 것도 좋겠어요. 또, 내가 관심 있는 분야에 대해서 이야기하는 것도 좋겠고요.

그래서 이 파트에서는 '나'를 둘러싼 마인드맵 그리기를 해보고자 해요. 다음 페이지와 같이 자신의 경험과 생각, 이야기들을 자유롭게 마인드맵에 적어주세요. 그리고 마인드맵에 쓰인 키워드들을 엮어 보기도 하고, 그중에서 이야기하고 싶은 주제를 골라 주셔도 좋아요.

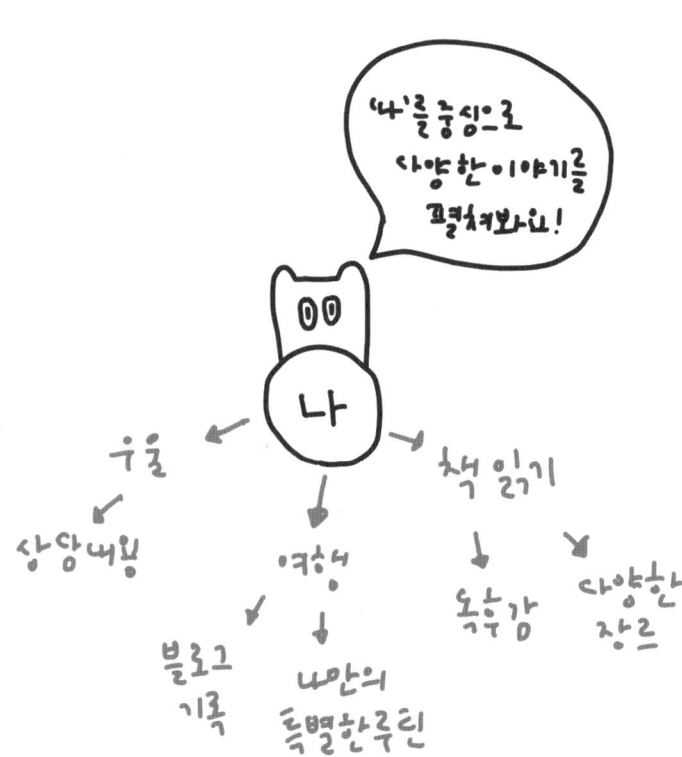

이미 정해진 주제가 있다면, 기획 발전시키기

정해진 주제가 있다 하더라도 기획을 발전시키면 보다 더 흥미로운 책이 될 수 있겠지요. 아래와 같은 방법들로 구체화하거나 발전시켜 보아요.

1) 주제를 더 좁게 혹은 더 넓게 해보기
2) 형태와 형식, 장르의 경계를 무너뜨리기
3) 하필 '내'가 이 주제를 택하는 이유에 대해 생각해보기

가지고 있는 주제를 넓히거나 좁히면 주제가 잘 살아나는 책이 될 수 있을 거예요. 예를 들어, 써놓은 일기들을 모으지만, 그중에서 무언가를 해낸 이야기들만 모은다든지, 하나의 감정이 섞인 이야기들만을 모을 수도 있겠지요. 찍은 사진들 중에서도 특별한 여행에서의 사진이라든지, 특정한 것들을 찍은 사진을 모을 수도 있어요. 반대로 좁은 주제이지만 내가 가진 주제가 한 권의 책으로 만들기에 부족하다면, 필진을 모아서 함께 쓰거나 인터뷰를 해볼 수도 있어요.

형태와 형식, 그리고 장르의 경계를 무너뜨리는 일은 독립출판의 큰 장점이라고 볼 수 있어요. 쉽게는 시와 산문, 소설이 함께 수록될 수도 있고, 사진과 글이 함께 들어갈 수도 있겠지요. 사진집이지만 엽서 모음의 형태를 띤 엽서집도 많이 보이고, 어떤 책들은 휴대폰 크기만 한데 인스타그램이나 메모장에 쓴 글을 모으기도 했어요. 예시는 조금 뒤에서 만나 보기로 해요.

　　하필 '나'라는 사람이 정해진 주제에 대해 쓰거나 엮는 일은 간과하기 쉽지만, 굉장히 중요한 부분이라고 생각해요. 예를 들어, 같은 '우울'에 대해 이야기하면서도 '나'라는 사람의 우울은 어떻게 다른지를 생각해봐요. 내가 이야기하고자 하는 방향과 나라는 사람의 특성이 드러나면 타인의 것과는 다른, 나만의 책이 될 거예요. 이런 부분은 콘텐츠에서뿐만 아니라 후에 제목을 정하고 디자인을 하는 부분에서 큰 도움이 되기도 하고요!

내 책의 기획을 마무리했다면, 이런 기획안은 어때요?

* 내 책을 한 문장으로 나타내기
* 기획 또는 집필 의도
* 어떻게 읽히면 좋을지
* 제작 일정

'내 책을 한 문장으로 나타내기'는 꽤 중요한 부분이라고 생각해요. 친구가 "네가 만든 책은 어떤 책이야?"라고 물어보았을 때, 망설임 없이 한 마디로 "내가 만든 책은 ~을 담은 책이야"라고 답할 수 있으면 좋겠지요. 이 부분이 중요한 까닭은 콘텐츠 제작에서도, 디자인 파트에서도, 나아가 유통하는 파트에서도 하나의 중심을 가지고 계속해서 남은 과정을 해나갈 수 있기 때문이에요. 한 문장으로 정의된 책이라면 그 내용도 디자인도, 그리고 소개할 때도 이리저리 흔들리지 않고 일관성을 가질 수 있겠지요.

'기획 또는 집필 의도'는 내가 이 책을 왜 쓰는지에 대한 부분이에요. '자기만족을 위해서'가 이유여도 좋아요. 하지만 그 이상으로, 누군가가 읽는다면 독자는 왜 이 책을 읽어야 할까요? 이 부분이 명확하다면, 앞으로의 작업들이 훨씬 수월할 거라고 생각해요.

'어떻게 읽히면 좋을지'에 대해 생각해보는 것은 개인적으로 중요하다고 생각하는 부분인데요. 내 책을 하나의 제품으로 보았을 때, 어떤 사람들이 어떤 환경에서 어떤 방식으로 읽어주느냐에 대한 것이에요. 예를 들어, 사람들이 지하철에서 이동하며 읽어주었으면 좋겠다면, 글 한 편의 길이가 적절히 짧아야겠고, 디자인적인 측면에서도 책의 크기가 작아서 한 손에 들어온다면 좋겠지요. 이 또한 위에서 말한 다른 부분들처럼 앞으로의 작업에 큰 영향을 끼칩니다.

위의 세 가지 체크 리스트는 많이들 놓치는 부분인 듯해요. 내 책이 담고 있는 바를, 나의 콘텐츠를 통해 보여주고 싶은 것과 독자에게 전달되길 바라는 부분을 잘 정리해본다면 "기획하기"의 중요성을 깨닫게 될 거예요. 이어지는 과정을 위한 준비 운동의 역할도 하니까요.

'제작 일정'을 정하는 일은 어쩌면 이 중에서 가장 중요하다고 볼 수도 있어요. 독립출판이란 누군가가 시켜서 하는 일이 아니라 좋아서 하는 일이잖아요. 이 말은 마감이 없다는 얘기가 되기도 해요. 정해진 마감이 없어서 작업이 늘어지고 그 기간이 길어지기 쉽다 보니, 제작 일정을 설정해서 스스로와의 약속을 지킬 수 있겠죠. 넉넉하게는 한 주에 글 한 편을 완성해야겠다거나, 한 주에 써둔 글 서너 편을 퇴고하겠다는 식의 목표를 세워보세요. 다르게는, '몇 월 며칠에 출간을 하겠다'라고 출간 예정 날짜를 먼저 잡아두고 시작할 수도 있고요. 그러면 인쇄에 두 주를 할애하고, 디자인에 두 주를 할애하고, 글을 쓰는 데에 두 달을 할애한다, 하는 식으로 기간을 정할 수가 있겠죠. 어쨌거나, 다시 한번 강조하자면 제작 일정을 스스로 정해서 맞춰 나가는 것이 중요하겠습니다!

자, 제작 일정을 짜는 예시를 다음 페이지의 표로 함께 살펴봅시다.

<오늘 밤만 나랑 있자> | 김현경 씀

"안기고 싶은 사람에서, 안아줄 수 있는 사람이 되기까지"

[제작 관련]

글 완성 : ~7월 중순까지 1차, 8월 중순까지 퇴고 완료

텀블벅 진행 : 8월~10월 중순

발행, 유통 예정 : 10~11월 중

표지 일러스트 이보람 : 7월 중 의뢰

판형 118*182(mm)

200~250 페이지(예상)

내지 | 별색 2도 인쇄(표지에 따라 변경 가능), 이라이트 80g

표지 | 4도, 때에 따라 박, 형압 등 후가공

책임 편집: 송재은 (윤문, 배치 등)

교정 교열: 다미안 (최소한의 교정만)

제작비 조달 : 텀블벅

총제작비는 1천 부 200만 원 선, 가격은 13,000원 이상.

<128mb(가제)> | warm gray and blue

"90년대에서 00년대까지 사용한 전자제품에 대한 에세이"

특정한 물건들에 담긴 시대 모습이 주는 감정과 기억이 있다. '어떤 시대'를 살아온 사람들에게 향수를 불러일으키는 추억과, 과거의 향수를 간직하며 살아가는 사람들의 이야기를 담는다.

[투고 관련]

휴대폰, 음악 플레이어(mp3, cdp, walkman), 영상플레이어(pmp), 삐삐 등 그 시절 전자 제품에 담긴 자신만의 이야기를 에세이로 작성해 보내주세요. 현재 해당 기기들을 사용하시는 경우도 좋습니다.

기간 | ~9월 23일

고료 | N만 원

분량 | 최소 1,500자

2. 기획의 예시들
: 무엇이든 책이 될 수 있어요!

<조금 더 쓰면 울어버릴 것 같다. 내일 또 쓰지.>

이 책은 제작자의 아빠가 85년부터 88년까지 엄마에게 쓴 연애편지로 만들어진 책입니다. 20대 초반의 남자가 쓴 글이라기엔 표현력과 문장력이 너무 좋아서 원고를 보자마자 반해버린 책이기도 했어요. 책을 만든 딸이 저희 책방 워크숍의 수강생분이었는데, 아빠가 55세가 되는 해에 이 편지들을 엮어서 책으로 선물해야지 마음을 먹으며 시작하셨대요. 앞서 말씀드렸다시피 마감이 없으면 자꾸만 미루기 마련이죠. 이분 역시 미루고 미루다 아빠가 환갑이 된 해, 이 책 꼭 만들어야겠다는 다짐으로 저희 수업을 함께 해주셨어요. 마감일이 필요해서죠.

엮인 글은 군대라는 단절된 세상에서 그의 '유일한 빛'인 사람에게 보내는 편지들입니다. 그동안 저희 부모님의 연애에 대해 관심을 가진 적이 없었는데, 이 책을 읽고 처음으로 '오, 우리 부모님들도 한때 비슷한 감정의 선들이 있었겠다'라는 생각하게 되었어요. 더욱이 80년대 쓰인 문장들이라 더욱 아련한 마음이 들게 해줍니다.

<색이름 352>

이 책은 우리나라 말로 색의 이름 352개를 부를 수 있도록 사전 형태와 구조로 만들어진 책입니다. 게다가 주어진 색에 따라 다채로운 그림들과 관련 있는 글들이 담겨 있어 보는 재미가 쏠쏠한 책인데요. 처음에 이 책이 입고 되었을 때, 너무 좋은 책인데 일러스트레이터 혹은 그래픽 디자이너분들만 좋아하지 않을까 싶었어요. 하지만 2019년 말에 입고된 이 책이 지금까지도 저희 책방의 월간결산에서 5위를 벗어난 적이 없는 것을 보며 이런 책을 필요로 하는 사람들이 정말 많았구나,라는 생각이 들었습니다.

구매 리뷰 중에 '아이와 색의 이름을 불러보고 싶어서 구입했어요'라는 내용을 본 적 있어요. 이 책의 쓰임이 정말 다양할 수 있겠다,라는 생각이 들었죠. 우리가 살다 보면 왜 이런 기획의 책이 없지? 있을 법 한데?라는 생각을 하게 되잖아요. 그런 기획이 떠오르신다면 직접 준비해보셔도 좋지 않을까 싶습니다.

<안녕, 둔촌 주공아파트 시리즈>

이 책을 만든 이인규 편집장은 동일본에 지진이 났을 때 구글에서 예전 동일본의 사진들을 수집하는 캠페인을 했었다고 해요. 동일본 사람들이 잃어버린 고향의 아름다운 장면들을 계속 만날 수 있게 말이죠. 이 캠페인을 보고 '내가 생각하는 고향은 둔촌주공아파트인데, 재건축으로 사라질 고향을 기록해야겠다'라는 결심을 하게 되었다고 했어요. 그럼 사라진 고향을 언제든 기억할 수 있는 사람들이 많아질 테니까요.

부모님 세대에서는 아파트라는 주거 형태가 거주뿐만 아니라, 투자 혹은 투기 목적도 무시할 수 없는 대상이었다면, 아파트 키즈들에게는 아파트가 곧 고향이라는 인식 자체가 새로웠던 것 같아요. 이 책을 계기로 서울시에서 주최하는 도시 환경, 설계 전시에 둔촌 주공아파트가 함께하는 기회들이 많아졌고, 시사 프로그램에도 빈번히 소개되기도 했던 유의미한 기록물이었습니다.

<저 청소일 하는데요?>

살다 보면 생각보다 무례한 사람들을 만나는 일들이 제법 빈번하게 있어요. 이 책을 만든 코피루왁님은 엄마와 청소일을 하며, 그림 그리는 일을 해오고 있는데요. 모르는 사람들과 이야기를 나누다가 "무슨 일 하세요?" 라고 물어볼 때, "저 청소일 하는데요"라고 답변을 하면 상대의 눈빛이 달라지는 경험을 반복적으로 했다고 해요. 일에는 높고 낮음이 없음에도 불구하고 청소일을 허드렛일로 생각하고 조금은 무시하는 듯한 태도들을 마주하며, '나는 내 일이 좋고 만족하고 있는데, 왜 저 사람은 저 사람이 생각하고 싶은 대로 생각해서 판단하는 거지'라는 마음이 들었고, 이 책을 만들어야겠다고 결심을 하셨다고 해요. 사람에겐 각자에게 맞는 삶이 있고 그 삶에 대해 함부로 판단해서는 안 된다고 생각해요. 그런 의미에서 이 책은 여러 측면으로 의미가 큰 책이었다고 생각합니다.

<그럼 애는 누가 봐요?>

이 책을 만든 젬마님은 아기가 태어나고 외출을 하면 "그럼 애는 누가 봐요?"라는 질문을 계속 받으셨다고 해요.

결혼을 하기 전, 결혼을 하고 아기가 없었을 때는 '나'에 대한 안부를 먼저 물어봤는데, 아기가 태어난 후로는 외출을 할 때마다 말이죠. '내가 아기를 보지 않는 게 그렇게 궁금해할 일일까?'라는 의문이 들었고 그때부터 여자로서 살면서 불편했던 질문들을 모으셨다고 해요. 유년, 학창 시절, 사회생활, 그리고 현재의 시점까지 빼곡하게 그 질문들에 대한 대답을 아기가 잘 때마다 조금씩, 부지런히 쓰셨고 워크숍을 통해 책으로 만들어주셨어요.

때로 어느 누군가가 아무 생각 없이, 혹은 의도를 가지고 던지는 질문들 가운데 유쾌하지 않았던 경험들이 제게도 있었는데요. 입장을 바꿔 생각해보고 말과 행동을 한다면, 서로가 서로를 존중한다는 느낌을 받을 수 있지 않을까 싶습니다. 독립출판물들이 이와 같은 목소리를 가지고 있는 경우들이 많아서 더욱 좋은 것 같아요. 삶의 면면을 들여다보고, 생각해볼 수 있게 해주니까요.

<주머니 시>

'책이 꼭 제본된 책의 형태여야 할까?'라는 질문을 던지게 하는 책입니다. 담뱃갑 모양의 곽 안에는 사람들의 시나 짧은 글이 담긴 카드들이 들어가 있지요. 이 책은 '시가렛', '비타민시' 등의 다양한 형태로 계속해서 제작되고 있습니다. 페어에서 항상 많은 인기를 끄는 주머니 시!

독립출판물을 기획한다는 것은,

독립출판이 즐거운 건, 그리고 좋은 건 각 개인의 경험이 다르기 때문에 그 다름에서 느껴지는 즐거움이 큰 것 같아요. 매체에서는 볼 수 없지만, 정말 사람들이 살고 있는 생생한 이야기들을 마주할 수 있는 게 바로 독립출판이 아닐까 싶습니다.

사례로 몇 권의 책들을 말씀드렸지만, 소개하지 않은 <무속인 인터뷰집 ; 무>의 경우 무속인 분들의 인터뷰를 담은 책입니다. 저는 직접적으로 무속인분들을 뵌 적은 없어서, 선입견이 있었어요. 마치 늘 방울을 울릴 것 같고, 팥이나 쌀을 뿌릴 것 같은 그런 느낌 말이죠. 그런데 이 책에서는 그분들이 이 일을 왜 하게 되었는지, 휴일이나 쉬는 시간에는 무엇을 하는지가 그대로 담겨 있어요. 친구들 만나서 술 한잔한다는 이야기는 영화나 드라마, 어느 매체에서도 만나지 못했던 거 같아요. 그런데 이 책에는 담겨 있거든요. 직업이든, 사물이든 지역이나 동네, 사람을 대상화하지 않고, 있는 그대로를 바라볼 수 있다는 점도 정말 좋은 것 같습니다. 아무런 색안경을 끼지 않고 실제의 모습들을 마주할 수 있는 즐거움이랄까요.

'어떤 주제로, 어떤 이야기를 담아 책으로 만들고 싶다'는 생각이 들면 시간이 허락될 때마다 모아보세요. 당장 책으로 만들기는 어려울 수 있어도 시간을 가지고 작업한다면 충분히 멋진 결과물이 될 수 있습니다.

# 2. 나만의 콘텐츠 제작하기

자유로운 독립출판 콘텐츠 만들기

앞서 말했듯, 독립출판의 가장 큰 매력은 콘텐츠가 자유롭다는 점입니다. 지금껏 써두었던 일기도 좋고, 습작들이나 메모들도 좋습니다. 장르로도 에세이나 소설, 시는 물론 규정되지 않은 장르 역시 가능합니다. 독립출판물의 콘텐츠 제작에는 정답도 없고, '이렇게 해야만 한다'는 가이드도 없어요. 다만 우리는 어떻게 하면 콘텐츠를 준비함에 있어 더 좋을지에 대해 이야기해볼 예정이에요. 특히나 텍스트 매체를 중심으로 염두에 두면 좋을 사항들을 정리해보았습니다.

1. 작업에 집중하는 시간, 혹은 기간

기획에서 말했듯 독립출판은 누군가가 시켜서 하는 일이 아니기 때문에, 작업에 집중하는 시간과 기간을 정해두는 것이 좋아요. 그렇게 '나와의 약속'을 지키다 보면, 콘텐츠가 만들어질 수 있겠지요. 그 방법에는 기획 부분에서 말한 '일정표'를 만들어 보는 것을 추천해 드려요. 하루에 한 꼭지의 글을 퇴고한다든지, 일주일에 한 편의 글을 쓴다든지, 다가올 페어에 맞춰 책을 출간하겠다든지 하는 식으로 작업할 수 있겠죠. 하지만 '나와의 약속'은 미루기 마련이지요. 다시 한번 강조하지만, '마감'은 너무나도 중요합니다! 꾸준히 작업을 하고 싶은 마음이 있다면, '마감'은 앞으로 더 중요해질 거예요. 마감 약속은 기본이자 전부!

글쓰기 모임

혼자만의 작업이 어렵다면 모임에 참석하는 방법도 있어요. 스토리지북앤필름에서 운영하는 프로그램 플랫폼 <클럽스토리지>는 물론, SNS를 통해 다양한 글쓰기 모임을 찾아볼 수 있어요. 오프라인 모임뿐만 아니라, 온라인 모임들도 활성화 되어 있지요. 이런 모임들 중에서 나와 잘 맞을 것 같은 모임을 찾아, 함께 글을 쓰고 원고를 모아 보세요.

다양한 글쓰기 툴

"어떤 툴에 글을 쓰세요?" 하는 질문을 많이 받습니다. 자신의 성향에 맞고 편한 프로그램을 쓰는 것이 좋겠지만, 맞춤한 프로그램을 찾기가 어렵지요. 툴을 크게는 다른 사람에게 보여지는 공간과 자신만의 공간으로 나눠 볼 수 있겠습니다. 다른 사람에게 보여지는 공간으로는 브런치나 블로그, 인스타그램, 글쓰기 애플리케이션이 있을 수 있어요. 보여지는 공간에 글을 쓰면 자신의 글 중에서 어떤 글이 좋은지에 대한 피드백을 받을 수 있다는 점이 장점이지요. 보여지지 않는 공간에는 더욱 다양한 툴이 있습니다. 컴퓨터 내에서는 한글이나 워드, 페이지스를 사용할 수 있고, 웹으로는 구글 드라이브나 노션을 사용할 수 있겠습니다. 핸드폰 메모장, 펜과 노트도 훌륭한 툴이 될 수 있고요. 이런 식으로 나만의 공간에 쓰는 글은 누군가에게 보여진

다는 부담 없이 편하게 작업할 수 있다는 장점이 있겠죠.

모두 나열할 수 없을 만큼 많은 글쓰기 공간이 있으니, 자신의 성향에 맞고 사용하기 편한 툴을 사용해봐요.

글쓰기에 집중이 어렵다면,

글은 쓰고 싶은데 글쓰기가 어렵다면, 작업에 도움이 되는 환경을 조성해보도록 해요. 물리적으로는 공간을 찾는 것입니다. 내 방에 좋아하는 음악을 켜놓고 선호하는 조도를 맞춘 뒤 작업하는 것도 좋겠고, 침대 위에서 편한 자세로 잠들기 전에 쓰는 글도 좋겠지요. 독립적인 글쓰기 공간이 없다면, 주어진 환경을 활용할 수 있습니다. 책상이 없더라도 깨끗하게 정돈한 식탁이면 충분하죠. 단, 식사를 위한 공간이던 식탁을 글쓰기 공간으로 바꾸는 과정이 필요합니다. 깨끗하게 닦기, 불필요한 물건 치우기, 글쓰기에 필요한 물건 챙기기. 이 정도면 충분하죠. 집에서 작업하기가 어렵다면, 분위기 좋은 조용한 카페를 찾거나, 출퇴근 길 대중교통에서 조금씩 메모를 하는 것도 훌륭한 방안이죠.

시간을 정해놓는 것도 좋겠어요. 이른 아침 혹은 새벽에 일찍 일어나 이야기를 쓰거나, 퇴근 후 저녁을 먹고 책상

앞에 한 시간씩 앉는 것도, 자정마다 이야기를 쓰는 것도 좋겠지요. 나에게 잘 맞는 시간을 찾아보고 그 시간에 꾸준히 작업하다 보면 차차 습관이 들 거예요. 이때 집중이 잘 되는 음악, 좋아하는 향초를 켜는 식으로 분위기를 잘 조성하는 것도 도움이 되는 방법이니 참고해봐요.

2. 교정 교열

교정 교열은 특수한 분야라고 생각합니다. 오늘 배워서 내일 자신의 글에 적용하기 어렵다고 생각해요. 그래서 교정 교열은 직접 하는 수준에는 한계가 있습니다. 더 완벽한 글을 원한다면 외주를 맡기는 방법을 고려해보셔도 좋다고 생각해요. 저희는 스스로 최대한 맞춤법과 비문을 교정할 수 있는 방법에 대해 이야기해보도록 할게요.

부산대 맞춤법 검사기

'부산대 맞춤법 검사기(http://speller.cs.pusan.ac.kr)'를 통해 틀린 맞춤법을 교정할 수 있어요. 이 사이트는 생각보다 많은 부분을 수정해줄 텐데, 때로는 원하지 않는 교정도 있을 거예요. 그러니 수정을 제안하는 내용 중에서 맞춤법이 틀린 부분만 수정하면 됩니다. 예를 들어, 우리말로 순화된 표현이라면 스스로 결정하여 단어나 글을 바꿀 수도 있고, 글맛을 살려 그대로 유지해도 되겠습니다. 이 프로그램을 사용하면 맞춤법은 거의 맞출 수 있다고 볼 수 있어요.

표준국어대사전

글을 쓰다 보면 궁금한 표현이 생기곤 합니다. 이 단어가 내가 아는 뜻이 맞는지, 지금 쓰고 있는 표현이 정확한 맞춤법인지…. 또한 위에서 안내해드린 부산대 맞춤법 검사기 프로그램을 사용할 때도 마찬가지입니다. 수정을 제안한 내용이 이해되지 않는 경우가 생기죠. 이럴 때 어떤 선택을 해야 할까 고민이 된다면 '표준국어대사전(https://stdict.korean.go.kr)'을 통해 맞춤법 또는 옳은 표현과 단어를 찾아보실 수 있습니다. 내가 쓴 표현이나 단어가 맞는지 한 번 더 확인해보시려면, 이 사이트에서 검색해 정확한 뜻과 띄어쓰기 등을 점검할 수 있죠. 동시에 사이트의 '우리말샘'에서 헷갈리는 단어와 표현, 맞춤법 등을 추가로 확인하실 수 있습니다.

네이버 국어사전

익숙한 포털사이트 네이버에도 국어사전이 있습니다. 궁금한 단어를 검색해 품사와 뜻을 확인할 수 있으며 활용형이나 유의어, 반의어도 쉽게 볼 수 있죠. 게다가 다양한 예문이 있어 단어의 쓰임을 훑어보기에도 좋습니다.

비문을 잡아내자!

위의 사이트를 이용해 맞춤법을 모두 고치셨다면, 이제 '비문'을 잡아야겠지요. 비문이란, 문법에 맞지 않는 문장을 말합니다. 가령, 주어와 서술어가 맞지 않는 문장, 시제가 맞지 않는 문장 등이 비문이 해당하죠. 비문은 맞춤법 검사기에서 모두 확인되지 않아 스스로 읽어보면서 바꿀 수밖에 없는데요. 이럴 때 저희는 '소리 내 읽어보기'를 추천해 드려요. 소리 내 읽어 보면, 자신이 틀린 문장을 썼다는 걸 쉽게 알아차릴 수 있기 때문입니다. 이렇게 몇 번 눈으로도 읽어보고, 소리 내 읽어보면 문장들은 차차 다듬어질 거예요. 추가로, 스스로 맞춤법이나 비문을 잡아내기 어렵다면 주변 사람들에게 글을 한 번 보여주세요. 그러면 자신에게는 보이지 않았던 틀린 부분, 어색한 부분을 잡아낼 수 있을 거예요.

편집자의 자세로

독립출판의 경우 작가가 편집자의 역할을 동시에 해야 하는 경우가 비일비재합니다. 콘텐츠 제작에 임할 땐 작가였다면, 교정 교열의 단계를 거치며 편집자로서 자신의 원고를 봐야 하는 거죠.

3. 제목 정하기

제목을 정하는 일은 언제나 어려운 일입니다. 머릿속에서 짠-하고 좋은 제목이 떠오른다면 가장 좋겠죠? 처음부터 염두에 둔 제목 하나를 가지고 작업을 하는 분들도 계시고요. 하지만 이런 경우는 많지 않으니, 우리는 제목 정하는 몇 가지 방법에 대해 이야기 해봐요.

1) 소제목 중에서 고르기
2) 문장 중에서 고르기
3) 키워드를 나열하고 조합해보기

'소제목 중에서 고르'는 방법은 가장 쉬운 방법입니다. 목차를 쭉 나열한 다음, 가장 마음에 들고, 또 책을 대표할 수 있는 제목을 골라서 큰 제목으로 만드는 거예요. 그렇게 되면 우리는 그 소제목의 글을 '표제작'이라고 부릅니다.

소제목 중에서 제목을 고르지 못했다면, 문장 중에서 제목을 찾아볼 수도 있어요. 좋은 문장들을 여럿 꼽아두었다가, 그중에서 제목이 될 만한 문장을 찾아보세요. 문장이 길어도 괜찮아요. 긴 문장으로 이루어진 책들도 꽤 많거든요.

이런 방식으로도 제목을 정하지 못하셨다면, 책 속의 키워드들을 꼽아 보도록 해요. 원고를 읽으면서 구체적이든 추상적이든, 내용 속에서 자주 쓰이는 단어든, 갑자기 생각난 단어든, 여러 가지 단어들을 나열해보세요. 그리고서 이 나열된 키워드들을 잘 버무리고 조합해 새로운 제목을 만들어 보세요.

다음은 김현경의 제목 짜기의 예시입니다.

<망가진 대로 괜찮잖아요> 김현경, 송재은 엮음, 13명 함께 씀

투고를 받아 만들어진 책입니다. 많은 저자들이 함께 쓴 책이지요. 이 책 소제목 중 재은 님이 쓰신 <망가진 대로 괜찮잖아요>를 메인 제목으로 쓴 경우입니다. 제목에서 내용이 크게 드러나지 않아서 '깊은 우울에서 함께 했던 책과 음악, 그리고 영화'라는 부제를 붙이고, 표지에도 삽입

했습니다.

<취하지 않고서야> 김현경, 장하련, 재은 쏨

술과 술을 함께 마신 사람들, 시간들에 대한 책입니다. '취하지 않고서야 할 수 없는 말이 많아요'라는 문장을 쓰게 되었는데, 이 문장을 가져와 <취하지 않고서야>라는 제목을 만들었습니다. 술에 대한 전문적인 내용을 담은 게 아니라 감성적인 이야기라는 점과 잘 어울린다고 생각했지요.

<여름밤, 비 냄새> 김현경 쏨
<오롯이, 혼자> 김현경 쏨

위의 두 예시는 책의 키워드들을 가져와 만들게 된 제목입니다. <여름밤, 비 냄새>는 말 그대로 여름밤의 내용들이 많고, 또 비를 맞는 내용이 많아서 두 키워드를 뽑아냈고, 그대로 제목으로 썼습니다. <오롯이, 혼자>의 경우에도 제가 내용 중에서 자주 쓰는 단어를 살펴보니, '오롯이'라는 단어를 자주 쓰고 '혼자'에 대한 내용이 많더라고요. 그래서 두 단어를 붙여 <오롯이, 혼자>라는 제목이 탄생했습니다.

4. '나만의', '콘텐츠'임을 잊지 말자.

앞서 여러 번 말씀드렸지만, 우리는 '나만의' 책을 만들 것이기 때문에 과하게 타인을 신경 쓰지 않고 자신만의 콘텐츠를 만들어 나가는 것이 중요하다고 생각해요. 자신의 취향이 듬뿍 담긴 책을 만들어 보시면 더 만족할 수 있는 결과물이 나올 거라고 생각합니다.

하지만 동시에, '콘텐츠'라는 것은 누군가에게 읽히고 보이는 것이기 때문에 어느 정도 완성도가 있어야겠지요. 많은 퇴고를 거치고, 매력적인 제목을 짓는 일도 중요하다고 생각해요. 그럼, 나만의 콘텐츠를 잘 만들어 보도록 하고, 우리는 원고를 모아 모아 디자인을 해보도록 해요.

3. 나만의 책 디자인하기

콘텐츠를 모두 모으셨다면, 책의 형태로 만들기 위한 디자인을 시작해야겠지요. 책의 디자인을 크게 세 단계로 나누어 보았습니다.

1. 판형 정하기
2. 내지 디자인
3. 표지 디자인

여기서 '판형'이란 '책의 크기'를 뜻합니다. 먼저 책의 크기를 정하고 나면, 그 크기에 맞게 내지 디자인을 하게 됩니다. 내지 디자인을 하고 나면 표지 디자인을 완성할 수 있습니다. 내지 디자인과 표지 디자인은 동시에 진행될 수도 있지만, 내지 디자인을 완성해서 몇 페이지인지를 알고 종이를 골라야 표지 디자인에서 필요한 책등의 너비를 알 수 있기에 이런 순서로 짰어요. '판형 정하기'부터 하나하나 알아볼까요?

1. 판형 정하기

내 책에 어울리는 판형은 무엇일까?

판형, 즉 책의 크기를 정할 때 가장 크게 고려해야 하는 것은 '내 책에 어울리는 판형은 무엇인가?'라는 질문에 대한 답이겠지요. 만약 사진이나 그림이 잘 보여야 하는 책을 만든다면 어느 정도 큰 판형의 책이 되어야겠지요. 물론 발상을 전환해, 아주 작은 사진집, 아주 작은 그림책을 만들 수도 있겠습니다. 텍스트 위주의 책은 크게 구애받지 않지만, 글의 느낌과 형태에 따라서 작은 판형의 책을 만들 수도, 큰 판형의 책을 만들 수도 있겠지요.

이 부분은 '기획하기'에서 '책을 읽을 사람에 대해 상상해보자'와 연결될 수 있어요. 예를 들어, 책을 주로 가지고 다니면서 읽었으면 좋겠다고 생각한다면 작은 판형이, 잠들기 전 펼쳐 읽었으면 좋겠다면 좀 더 큰 판형이 좋겠지요. 단지 크고 작음뿐만 아니라 기다랗거나 널찍한 형태도 함께 고려해 자신이 원하는 판형을 정하면 됩니다.

신국판, 사륙판 등 이름이 붙여져 정해진 판형은 많지만, 다른 사람들과 똑같은 판형만 하기엔 재미가 없잖아요? 그래서 저는 자신만의 판형을 정해 보는 것을 추천합니다.

다른 책의 판형을 많이 참고해보자

판형을 정하려면 다른 책들을 많이 쥐어보고, 또 그 크기를 재어보는 방법이 있겠습니다. 책장으로 가서, 여러 가지 판형의 책들을 꺼내놓은 채 크기를 비교해보세요. 그중에서 가장 마음에 드는 판형을 골라 가로세로 길이를 재어보세요. 그 판형에서 '가로 길이가 조금 짧았으면 좋겠다'라고 생각한다면, 조금 줄인 값으로 설정하시면 됩니다. 예를 들어, 내가 가진 여러 책 중에서 가장 마음에 드는 책의 판형이 127X188mm로 재어졌는데, 가로 폭이 조금 더 좁은 느낌의 책을 만들고 싶다면, 117X188mm로 작업하겠다, 라고 정하시면 됩니다.

__책의 날개__

책의 날개에는 저자 소개나 책 소개 등의 정보를 담을 수 있어요. 그리고 책날개는 책을 어디까지 읽었는지 표시해주는 역할을 할 수도 있지요. 그런데 이 책날개를 추가하는 일이 필수는 아닙니다. <스토리지북앤필름>의 에세이 시리즈에도 날개가 없지요. 그리고 표지 안쪽 면에 인쇄를 해서 작가 소개 등을 넣는 방법도 있고요. 그래서 판형을 정하면서 표지에 날개가 들어갈지 들어가지 않을지에 대해서도 한 번 고민해 본다면 좋겠습니다.

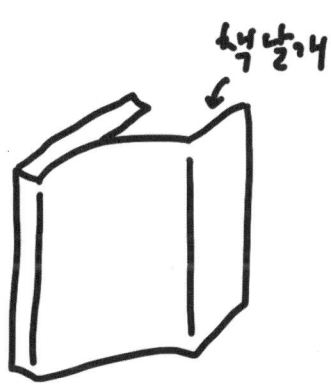

2. 내지 디자인

판형을 정하셨으면, 그 판형대로 내지 디자인을 시작해보도록 해요. 내지 디자인은 어도비에서 나온 '인디자인(InDesign)'이라는 프로그램을 가장 많이 사용합니다. 하지만 마이크로소프트사에서 나온 '퍼블리셔(Publisher)'라는 프로그램을 사용하실 수도 있고, 잘 활용하실 수 있다면 한글이나 워드, 페이지스를 사용하셔도 돼요.

인디자인과 퍼블리셔에 대하여

인디자인은 책을 만드는 데에 특화된 그래픽 디자인 툴입니다. 새로운 프로그램에 대한 두려움 때문에 인디자인에 손을 대기 어려워하시는 분들이 계신데요. 포토샵이나 일러스트레이터만큼 어렵지 않기 때문에 어느 정도 활용 가능하실 거라고 생각합니다. 유튜브 강의나 원데이 인디자인 강의만으로도 좋은 작업을 하고 있는 분들이 계십니다. 또, 포토샵이나 일러스트레이터를 사용하실 줄 아신다면, 인디자인을 사용하는 일은 더 편하실 거라고 생각합니다.

퍼블리셔는 마이크로소프트에서 나와 파워포인트나 워드와 비슷한 프로그램입니다. 여기에서도 판형을 원하는 대로 설정할 수 있고, 글과 이미지 등을 삽입할 수 있습니다. 그래서 컴퓨터 사용에 익숙하지 않은 분들, 인디자인에 손을 대기 겁나는 분들은 퍼블리셔를 사용해보시면 되겠습니다.

그렇다면 왜 굳이 인디자인을 사용하느냐면, 퍼블리셔는 내지를 한 페이지씩 만들어야 한다는 단점이 있기 때문입니다. 인디자인은 여러 페이지에 글이 한 번에 들어갈 수 있거든요. 인디자인은 기본적인 사용법만 익힌다면 보다 기능적으로 쉽게 만들 수 있다는 장점이 있지요. 그래서 기능적으로 부족하다는 단점이 있지만, 감각이 있다면 퍼블리셔로도 예쁜 책을 충분히 만드실 수도 있어요.

도련

내지든 표지든 작업을 하실 때 잊지 말아야 할 부분은 이 '도련' 부분입니다. 책은 인쇄 과정에서 사람 손으로 재단하게 되기 때문에 어느 정도 오차가 발생할 수 있는데요.

이 오차를 감수하기 위해 조금 더 여유롭게 작업하는 부분을 '도련'이라고 할 수 있어요. 도련 부분은 보통 3~4mm로 설정합니다. 예를 들어, 작업을 하실 때, 한 페이지 전면으로 들어가는 사진이나 컬러, 흑백 페이지가 있다면 이 도련 부분까지 모두 채워 작업을 하죠. 작업할 때 꼭, 잊지 마세요.

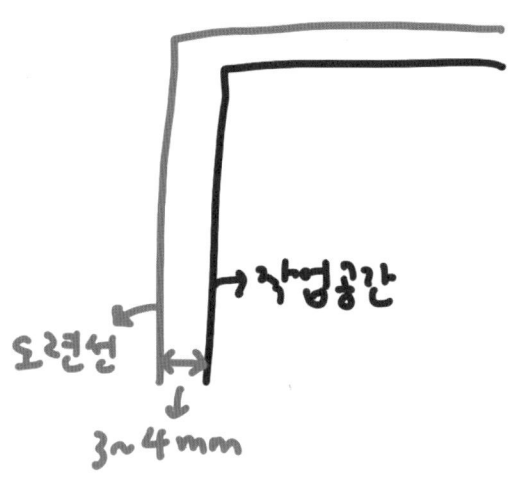

레이아웃을 먼저 짜봅시다!

저희는 가장 먼저, 디자인의 틀이라고 부를 수 있는 '레이아웃'을 짜볼 거예요. 레이아웃이란 페이지 안에서 어디에 무엇이 들어갈지를 정하는 틀이라고 생각하시면 되겠어요. 예시 이미지들이 뒤에 기다리고 있으니, 먼저 확인해 보셔도 좋고요.

먼저 레이아웃을 손으로 그려서 짜볼 거예요. 페이지의 마진, 그러니까 위, 아래, 안쪽, 바깥쪽의 남는 부분을 얇게 만들지, 두껍게 만들지 등에 대해서 짜는 부분이라고 생각하시면 되겠습니다. 아래의 질문들에 답하며 자신만의 레이아웃을 짜봐요.

1) 내 판형에 맞는 레이아웃은 무엇일까?
2) 한 꼭지의 글에 어떤 콘텐츠가 들어가야 할까?
3) 글 또는 콘텐츠의 시작 부분은 어떻게 할까?
4) 장의 시작 부분은 어떻게 짤까?

레이아웃 디자인의 예시

```
┌─────────────────────────┐
│  ┌──────────────────┐   │
│  │ 소제목           │   │
│  └──────────────────┘   │
│                         │
│  ┌──────────────────┐   │
│  │ 내용             │   │
│  │                  │   │
│  │                  │   │
│  │                  │   │
│  └──────────────────┘   │
│  ┌──────────────────┐   │
│  │ 페이지 수        │   │
│  └──────────────────┘   │
└─────────────────────────┘
```

```
┌─────────────────────────┐
│           ◆             │
│  ┌──────────────────┐   │
│  │     소제목       │   │
│  └──────────────────┘   │
│                         │
│  ┌──────────────────┐   │
│  │ 내용             │   │
│  │                  │   │
│  │                  │   │
│  │                  │   │
│  │                  │   │
│  └──────────────────┘   │
│  ┌──────────────────┐   │
│  │ 페이지 수        │   │
│  └──────────────────┘   │
└─────────────────────────┘
```

소제목	
설명	내용
페이지 수	페이지 수

소제목	내용
페이지 수	페이지 수

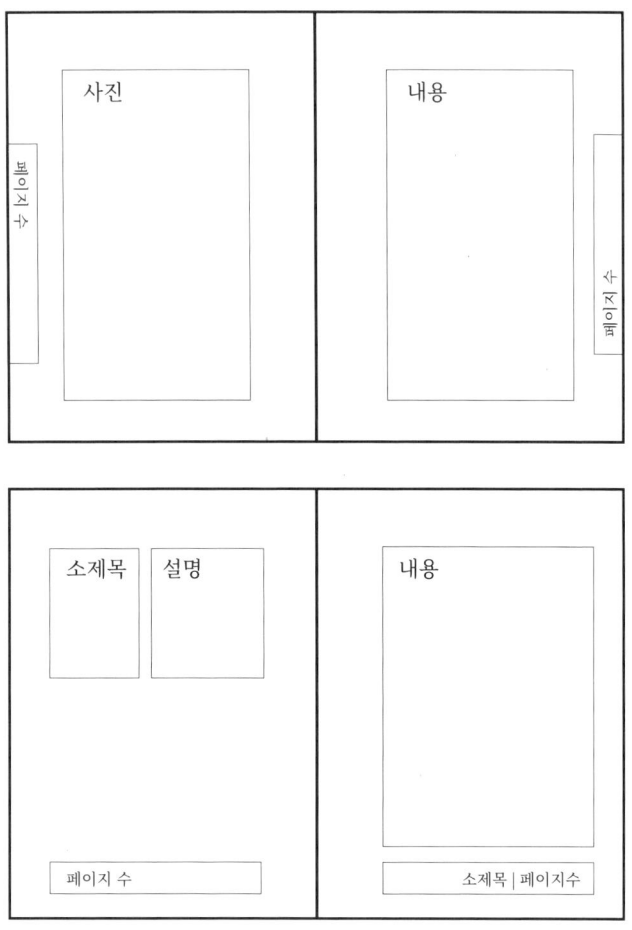

레이아웃을 정하셨다면, 이제 인디자인 또는 퍼블리셔에 맞는 값을 입력하시고 작업을 하실 수 있어요.

다양한 폰트(서체)

세상에는 굉장히 다양한 폰트가 존재합니다. 폰트 중에는 상업적으로도 무료로 사용할 수 있는 폰트가 있고, 구매나 구독을 해야 사용할 수 있는 폰트들이 있지요.

바탕, 명조체 : 이 책에 쓰인 글자처럼 꺾어 쓰기가 들어간 폰트를 바탕, 명조 계열의 서체라고 합니다. 에세이나 소설 같은 줄글이 들어가는 경우에 많이 쓰입니다.

돋움, 고딕체 : '돋움, 고딕체'를 쓴 글씨처럼 꺾어 쓰기가 없는 서체를 말합니다. 잡지, 혹은 설명하는 글에 많이 쓰입니다.

디자인 폰트 : 위의 글씨체들과 달리 디자인된 특별한 서체들을 말합니다. 제목이나 소제목에 쓰기 좋습니다. 굉장히 다양한 폰트가 있어, 포털 사이트에 '무료 디자인 폰트'라고 검색하면 정리한 결과가 많이 나옵니다. 또한, 산돌구름, 직지소프트 등을 구독하셔서 다양한 유료 폰트를 사용하실 수도 있습니다.

본명조, 본고딕

: 구글에서 배포하는 무료 폰트입니다.

Kopub바탕, Kopub돋움

: 한국출판인의회에서 배포하는 무료 폰트입니다.

고운바탕, 고운돋움

: 류양희 디자이너가 만든 무료 폰트입니다.

나눔 명조, 나눔 고딕

: 네이버에서 배포하는 무료 폰트입니다.

- 을유1945체

: 을유문화사에서 배포하는 무료 폰트입니다.

　　내지 본문으로 쓰기 좋은 무료 서체들을 몇 가지 추천해드렸습니다. 이외에도 검색을 통해 다양한 폰트를 찾으실 수 있으실 거예요.

폰트 크기와 줄 간격

폰트 크기는 자신이 원하는 크기대로 작업할 수 있지만, 최대한 가독성이 좋게 작업을 해야 읽는 사람의 입장에서 읽기 좋겠지요. 이 페이지에서는 구글에서 배포하는 무료 폰트인 '본명조(Noto Serif)'와 '본고딕(Noto Sans)', 두 종류의 폰트를 이용하여 폰트 크기별로, 또 줄 간격별로 어떻게 변하는지 알아보도록 하겠습니다.

9pt | 안녕하세요, 스토리지북앤필름입니다.

9.5pt | 안녕하세요, 스토리지북앤필름입니다.

10pt | 안녕하세요, 스토리지북앤필름입니다.

10.5pt | 안녕하세요, 스토리지북앤필름입니다.

11pt | 안녕하세요, 스토리지북앤필름입니다.

이 책에 쓰인 폰트는 9.7pt입니다.

16pt | 줄 간격은 이 책에 쓰인 폰트 크기인 9.7pt를 중심으로 여러 안을 보여 드렸습니다. 줄 간격도 작업을 하실 때, 직접 늘려가면서 스스로 보기에 가독성이 좋은 줄 간격을 택하면 되겠습니다. 다만, 폰트 크기의 1.6배에서 2배 정도의 줄 간격을 많이 쓴다고 알아두시면 되겠습니다! 너무 좁아도 읽기 힘들고, 너무 넓어도 어색하니까요.

18pt | 줄 간격은 이 책에 쓰인 폰트 크기인 9.7pt를 중심으로 여러 안을 보여 드렸습니다. 줄 간격도 작업을 하실 때, 직접 늘려가면서 스스로 보기에 가독성이 좋은 줄 간격을 택하면 되겠습니다. 다만, 폰트 크기의 1.6배에서 2배 정도의 줄 간격을 많이 쓴다고 알아두시면 되겠습니다! 너무 좁아도 읽기 힘들고, 너무 넓어도 어색하니까요.

21pt | 줄 간격은 이 책에 쓰인 폰트 크기인 9.7pt를 중심으로 여러 안을 보여 드렸습니다. 줄 간격도 작업을 하실 때, 직접 늘려가면서 스스로 보기에 가독성이 좋은 줄 간격을 택하면 되겠습니다. 다만, 폰트 크기의 1.6배에서 2배 정도의 줄 간격을 많이 쓴다고 알아두시면 되겠습니다! 너무 좁아도 읽기 힘들고, 너무 넓어도 어색하니까요.

추가로 이 책에 쓰인 줄 간격은 21.7pt입니다.

3. 표지 디자인

표지 디자인은 제목을 정하는 것만큼이나 중요한, 책의 얼굴을 만드는 부분이라고 볼 수 있어요. 그래서 표지 디자인을 할 때는 정말 많은 고민을 요합니다. 그래서 첫 번째 단계로는 핀터레스트(pinterest.com) 등의 웹사이트에서 좋은 표지들을 많이 보시길 권합니다. 책 디자인에 관한 키워드로 검색해서 보기 좋은, 내 표지로도 쓰고 싶은 좋은 작업물들을 모아보세요. 모인 작업들을 보면 '아, 내가 이런 스타일의 느낌을 좋아하는구나'를 알 수 있으실 거예요. 이렇게 모인 이미지들을 자신의 '무드 보드'라고 생각하시면 되겠습니다.

무드 보드를 만들었다면,

자신이 모은 이미지가 일러스트 위주일 수도 있고, 사진일 수도 있고, 또 타이포(글자) 중심일 수도 있겠습니다. 이렇게 작업의 방향을 정하셨다면, 일러스트를 그리거나 다른 사람에게 맡기거나, 또 사진을 고르는 과정이 필요하겠지요.

인디자인과 일러스트레이터

표지 디자인은 인디자인 또는 일러스트레이터(Adobe Illustrator)라는 프로그램을 사용하셔서 작업하실 수 있습니다. 인디자인은 내지와 표지 모두에 사용하실 수 있으니, 인디자인 프로그램 하나만 익혀서 책 한 권을 작업하실 수 있겠지요. 일러스트레이터가 편하신 분들은 이 프로그램을 사용하셔서 작업하실 수 있습니다. 좀 더 많은 기능들이 있기 때문에 일러스트레이터를 익히는 것도 좋습니다.

포토샵으로도 작업할 수 있는지 궁금해하실 수도 있겠습니다. 다만 포토샵에서는 '도련'을 설정하는 기능이 없어 자체적으로 페이지 크기를 계산해서 넣으셔야 합니다. 이 점을 제외하고는 다루는 방식이 비슷하므로 무리 없이 작업이 가능하다고 볼 수 있습니다.

표지 디자인 레이아웃

표지 디자인을 하기에 앞서 '어떤 컨셉으로 디자인하고 싶은지'를 정하셨다면, '어떤 요소들이 들어가야 할지'를 정하셔야 해요. 그렇다면 표지에는 어떤 것들이 들어갈 수 있을까요?

제목, 부제, 글쓴이, 글쓴이 소개, 출판사, 출판사 소개, 책 소개 카피, 책 속 내용 등…

이런 다양한 내용들 중에서 필요한 요소들을 사용하고, 또 추가적으로 넣고 싶은 내용이 있다면 더할 수 있겠지요. 다음 스텝은 '이들이 어디에 위치할지'에 대한 레이아웃을 짜는 일입니다. 뒤 페이지처럼 레이아웃이 짜인 페이지에 이들이 각각 어디에 위치할지 체크해보세요.

| 뒷날개 | 뒷표지 | 책등 | 앞표지 | 앞날개 |

뒷표지:
- 책 소개
- 소개글
- 내용 중에서
- 가격

앞표지:
- 제목
- 제목
- 부제
- 글쓴이
- 출판사

앞날개:
- 작가 소개

앞 날개	작가 소개
앞 표지	글쓴이 / 제목 / 출판사
책등	제목
뒤 표지	카피라이팅 / 소개글 / 내용 중에서 / 가격
뒤 날개	출판사 책 소개

사진을 이용해, 쉽게 그럴듯한 표지 만들어 보기

자신의 사진을 이용해, 레이아웃을 짜서 쉽게 그럴듯한 표지를 만들 수 있어요. 휴대폰으로 찍은 사진도 좋고, 필름 사진도 좋아요. 사진이 없으시다면, 언스플래시(unsplash.com)라는 사이트를 소개해드려요. 이곳에는 다양한 고퀄리티 사진들이 있는데요. 이곳에서 적절한 사진을 다운로드 받아, 표지를 만드실 수도 있습니다.

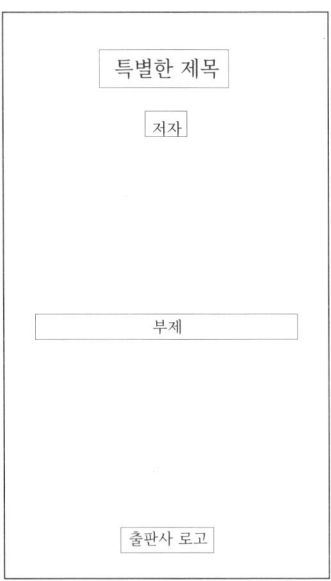

다음과 같은 레이아웃으로 만들어 볼 거예요.

적절하게 예쁜 사진을 골라서, 삽입해줍니다.

나름대로 쉽게 책의 느낌을 낼 수 있겠지요?

북 커버나 띠지는 어떻게 디자인하나요?

책 덧싸개라고도 불리는 북 커버나 띠지를 제작하려면, 표지를 또 한 번 만든다고 생각하고 작업하시면 되겠습니다. 띠지는 길이가 짧은 표지를 만든다고 생각하시면 되겠지요. 북 커버와 띠지의 높낮이를 바꾸어 가며 더 다양한 디자인의 책을 만드실 수 있습니다.

4. 디자인 작업과 함께 알아두면 좋을 것들

인쇄용 PDF로,

"인디자인 파일로 인쇄소에 넘겨드리면 되나요?"라는 질문을 종종 받곤 합니다. 그렇지는 않고요. '인쇄용 PDF' 파일로 '내보내기'를 해서 재단선과 문서 도련을 설정한 파일로 보내시면 되겠습니다.

목업 만들기

책방에 올라온 책들을 보면 사진으로 찍어 보내는 경우도 있지만, 깔끔하게 컴퓨터 작업을 한 듯한 느낌의 이미지들도 보셨을 거예요. 이것을 '목업'이라고 부릅니다. 구글에

'Book mockup free'와 같은 검색어를 입력해보시면 다양한 목업 파일을 다운로드 받으실 수 있어요. 이 중 맘에 드는 목업을 고르셔서 포토샵 작업을 통해 실물 책과 같은 이미지를 만드실 수 있습니다. 보통의 경우에 대부분 'Put your design here' 하는 식으로 쉽게 나와 있으니, 포토샵을 잘 하지 못하셔도 할만하실 거예요. 이 과정은 작업 중간에 '책이 어떻게 나올까?' 고민될 때 한 번 목업 파일 위에 올려보는 것도 좋고, 최종 이미지를 책방에 보내는 거나 SNS에 올리는 용도로 사용할 수도 있고요.

책 홍보물 만들기

책 홍보물도 인디자인과 일러스트레이터, 포토샵을 통해 만드실 수 있습니다. 그렇다면 인디자인 하나만으로 내지, 표지, 홍보물까지 제작이 가능하겠지요. 인스타그램용 정방형 홍보 이미지를 제작하실 수도 있겠고, 온라인 서점을 운영하는 서점들에서 함께 업로드할 수 있도록 상세 페이지를 제작할 수도 있겠지요.

5. 디자인에 관한 질문들

디자인 작업이나 일러스트 작업이 너무나 어렵다면?

디자인 작업이 너무 어렵거나, 일러스트가 필요한데 할 수 없다면, 작업할 수 있는 다른 사람을 찾는 것도 방법입니다. 많은 프리랜서가 있는 '크몽'이나 '숨고' 같은 플랫폼을 통해, 책 디자인 혹은 일러스트 작업을 의뢰할 수 있습니다. 또 다른 방법으로는, 인스타그램을 통해 잘 보고 있던 일러스트레이터에게 이메일 혹은 DM을 통해 그림 의뢰를 할 수 있겠습니다.

디자인 및 일러스트의 가격은 작업이 얼마나 복잡한지, 일러스트레이터가 얼마나 유명한지 등에 따라 달라지니, 이 점을 알아두시면 되겠습니다.

RGB에서 CMYK로 변환된다면?

RGB는 저희가 모니터에서 볼 수 있는 색상 체계이며, CMYK는 인쇄될 때의 색상 체계입니다. 그러니까 모니터에서 보는 것과 인쇄된 것의 색상 체계 자체가 달라서, 모니터에서 보는 것과 인쇄된 책의 색상 차이가 생길 수 있습니다.

박/후가공이 들어가는 경우 어떻게 저장하는 건가?

박이나 후가공이 들어간다면, 그 부분을 다른 레이어로 설정해서 작업해주세요. 그리고 후가공이 들어가는 부분의 레이어를 따로, 인쇄가 되는 부분을 따로 PDF로 내보내 주시면 됩니다. 아래와 그림과 같이요.

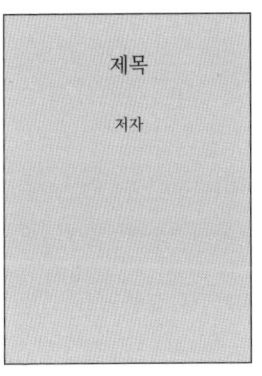 

인쇄되는 부분   박이 들어가는 부분

별색 작업을 하고 싶은데, 어떻게 작업하나요?

책을 읽다 보면 두 가지 색상만 쓰인 책을 많이 보셨을 거예요. 예를 들어, 초록색과 검은색, 보라색과 검은색 두 색입니다. 이런 경우를 '별색'을 썼다고 말하는데요. 별색에 대해서는 인쇄 파트에서 더 자세하게 다뤄봅니다. 먼저 별색 작업을 하는 방법부터 말씀드리면, '별색'이 되는 특정 색깔이 들어가는 부분을 모두 C(Cyan)값으로 작업해줍니다. 그러면 전체적으로 C와 K(Black) 두 색이 들어가겠지요. 이후 인쇄소에 팬톤(Pantone) 코드로 자신이 원하는 색상을 알려드리면 됩니다. 인디고 인쇄로 뽑은 가제본을 가지고 가서 맞추어도 괜찮아요.

사진 및 이미지 저작권에 대해서,

작업을 하시다 보면, 다른 웹사이트 등에서 자료 이미지를 가져올 수도 있는 경우가 생기는데요. 이런 경우는 자신이 찍은 사진이 아니다 보니 최대한 피하시는 게 좋습니다. 게시자가 분명하다면 사진을 사용해도 되는지 여쭤보거나, 그림으로 대체할 수도 있겠습니다.

4.
나만의 책 인쇄하기

인쇄비는 얼마나 들까요?

'인쇄비는 대~략 얼마나 들까요?' 하는 질문을 자주 받습니다. 하지만 이 질문에는 따로 답을 드릴 수가 없는데요. 인쇄비에 영향을 끼치는 요소들이 굉장히 많기 때문입니다. 뒤에서 하나하나 살펴볼 테지만 먼저 나열해볼까요?

판형

부수

페이지

흑백, 별색, 컬러 인쇄 (인쇄 도수)

제본 방식

종이 종류

후가공

...

    이렇게나 다양하고 복합적인 요소들이 어우러져 인쇄비에 영향을 끼치게 됩니다. 하지만, 먼저 말씀드릴 수 있는 것은 '부수'에 따른 인쇄비입니다. 100부를 인쇄하는 비용과 1,000부를 인쇄하는 비용은 10배 차이가 나지 않습니다. 오히려 부수가 늘어날수록 한 부당 가격은 줄어들지요. 예를 들어 어떤 사양의 책은, 100부를 인쇄하는 경우 권당 단가가 5,000원에 육박하는데, 1,000부를 인쇄하는 경우 1,000원대가 될 수도 있어요.

먼저, 가제본을 인쇄해보아요!

    책을 정식으로 인쇄하기 전에 '가제본'을 인쇄해봅니다. 이 가제본을 보는 과정은 한 부를 인쇄, 제본해서, 자신의 책이 어떤 모양인지, 내용 중에 오탈자나 사진이 깨지는 부분은 없는지 확인하는 과정입니다. 그래서 아래에서 설명해 드릴 '인디고 인쇄'로 뽑아보지요. 1부를 인쇄하기 때문에 이 경우에는 비용이 꽤 발생한다는 점, 인지해두세요.

1. 인쇄의 기본 지식들

종이 선택

책에 쓰일 종이는 굉장히 다양합니다. 많은 종이들을 직접 만져보고 인쇄해가면서 종이를 정하면 가장 좋겠습니다. 종이는 두성종이에서 운영하는 <인 더 페이퍼> 혹은 충무로의 <뛰는 사람들>에서 직접 만져보시며 정하실 수 있습니다. 이외에 <성원애드피아>에서 판매하는 종이 샘플을 구입하여 확인하시는 방법도 있어요.

하지만, 이렇게 종이를 정하기에 시간이 부족하다면, 몇 가지 종이를 추천해드리도록 할게요.

> **예시 : 미색 모조지 100g**

평량

위와 같이 종이는 주로 종이 이름과 함께 'g' 단위가 붙습니다. 이 'g' 수를 '평량'이라고 부르는데요. $1m^2$ 면적의 종이를 생산해서 무게를 재었을 때, 200g인 경우도 있고 100g인 경우도 있어요. 그렇다면 그 차이는 두께에서 오겠지요? 그래서 100g이 얇은 편, 200g이 두꺼운 편의 종이라고 이해하시면 쉽겠습니다.

종이의 종류

종이의 종류는 굉장히 많습니다. 국산지도 있고 수입지도 있지요. 을지로 4가의 인 더 페이퍼에 가보시면 압도적인 굉장함을 느끼실 수 있을 거예요. 그래서 저희는 국산지 중에서 자주 쓰이는 종이에 대해 이야기 해보도록 하겠습니다.

[내지에 쓰이면 좋을 종이]

모조지 : 모조지는 가장 자주 쓰이는 종이입니다. 평범하고 무난한 종이이지요. 텍스트 위주의 책이라면 미색 모조지를, 사진이나 그림이 들어간다면 백색 모조지를 추천해 드립니다.

아트지 : 사진이 많이 들어가는 책이나 잡지를 만들고자 한다면 추천하는 종이입니다. 빤딱빤딱거리는 것이 특

징이며, 색감이 잘 나옵니다.

뉴플러스 : 모조지와 아트지의 중간 느낌의 종이로, 문제집 등에 자주 쓰입니다.

그린라이트/이라이트 : 재생지로, 그린라이트는 약간 어두운 느낌, 이라이트는 밝은 느낌입니다.

만화중질지 : 만화책에 쓰이는 종이입니다. 꼭 만화책이 아니더라도, 재생지의 느낌을 내고자 한다면 추천해 드립니다.

M러프 : 약간의 질감이 있으며 색깔이 쨍하게 잘 인쇄되어, 그림책을 만드신다면 추천해 드리는 종이입니다.

[표지에 쓰이면 좋을 종이]

백색 모조지 : 내지에서와 마찬가지로 무난하게 사용할 수 있는 종이입니다.

스노우지 : 보들보들한 느낌의 종이로 무난하게 사용할 수 있는 종이입니다.

아트지 : 빤딱빤딱한 종이로 무난하게 사용할 수 있는 종이입니다.

랑데뷰/아르떼 : 질감이 있는 종이로, 고급지에 속합니다.

내지에는 80g 또는 100g, 두꺼우면 120g 정도의 평량의 종이가 주로 사용됩니다. 평량에 따라 종이의 두께가 모두 같지 않은데, 모조지 100g보다 그린라이트/이라이트 80g이 더 두껍습니다. 그래서 재생지를 사용하면 보기에는 두껍지만 더 가벼운 책을 만들 수 있지요.

표지에는 200g대 평량의 종이가 주로 사용됩니다. 표지에는 주로 코팅을 하기 때문에 백색 모조지, 스노우지, 아트지 모두 사용해도 코팅의 결과가 비슷하나, 랑데뷰나 아르떼의 경우 질감이 약간 들어갑니다.

더 자세한 종이 설명!

종이에 관심이 생기셨다면, 어떤 종이들이 있는지 더 자세하게 알아보도록 해요.

글이 많은 시, 에세이, 산문집, 소설 등
➡ 모조지(미색, 백색) 100g, 80g

그림이 많은 화보, 도록, 사진집 등
➡ 스노우지, 아트지, MFC 계열의 뉴플러스, 하이플러스

브로슈어, 카탈로그, 표지 등 고급 인쇄물에 사용되는
➡ 러프지 계열의 아르떼, 랑데뷰, M러프

1. 언코트지(비도공지)

용도 : 일반도서 물, 서적 물, 학습지 물, 필기용 사무 노트 등

1) 백상지(백색 모조지) : 인쇄면성이 좋고 표면강도가 우수하고 지분이 적음.

2) 미색 백상지(미색 모조지) : 자연스러운 미색으로 장시간 도서 시 눈의 피로가 적음. 백상지와 마찬가지로 인

쇄면성이 좋고 표면강도가 우수하고 지분이 적음.

2. 코트지(도공지)

용도 : 카탈로그, 리플렛, 도서 표지, 전단지, 포스터, 브로슈어, 아동용 전집 등

1) 아트지(HI-Q밀레니엄아트) : 탁월한 면성과 광택, 빠른 잉크 건조가 특징. 인쇄작업성 뛰어남. 강도가 우수함. 지분이 적음.

2) 스노우지(HI-Q듀오매트) : 백감도가 좋은 고품격 매트지. 아트지와 마찬가지로 인쇄 작업성 뛰어남.

3. MFC(코트지의 한 종류)

용도 : 사진, 에세이, 도서 물, 학습지 물, 부교재 등

1) 뉴플러스 : 백상지를 한 차원 업그레이드한 코트지. 기존 백상지 표면에 미량 도공하여 평활도가 높음.

2) 교과서 용지 : 가벼운 느낌의 코트지. 미색이라 눈의 피로가 적음.

4. 러프그로스용지

용도 : 도서 표지, 화보집, 브로슈어, 고급 인쇄물

특징 : 백색도, 인쇄성, 러프감(두께감)이 좋은 것이 특징. 탁월한 색상과 이미지 재현력. 뛰어난 부피감으로 고급스러운 인쇄 구현. 종이의 질감이 유지되면서 잉크 건조가 늦어 뒤 묻음의 단점이 있다.

1) 랑데뷰(울트라화이트, 내추럴) : 제일 비싼 러프그로스 용지. 현재는 안 쓰는 추세. 색 구현력과 건조성은 제일 좋음.

2) 앙상블 E클래스(엑스트라 화이트, 화이트)

3) 아르떼(울트라 화이트, 내추럴)

인디고 인쇄와 옵셋 인쇄

먼저, 인디고 인쇄는 쉽게 이야기하자면 프린터 같은 기계로 한 장씩 인쇄하여 제본하는 형태라고 볼 수 있습니다. 디지털 인쇄라고 부르기도 하지요. 1부부터 제작이 가능하다는 장점이 있으나, 1부당 인쇄 가격이 높다는 단점이 있습니다. 또, 흑백 인쇄와 컬러 인쇄 두 가지 중에서 선택이 가능합니다. 그래서 소량 인쇄에 적합합니다. 대량과 소량을 가르는 기준은 보통 200부를 기준으로 합니다.

옵셋(오프셋) 인쇄는 커다란 네 개의 기계를 통과하며 인쇄가 되는 형태를 말합니다. 이 경우에는 '판(CTP)'을 짜는 기본 인쇄비는 높게 책정되지만, 한 장을 찍어내는 가격이 저렴하기 때문에 1부당 인쇄 가격이 낮습니다. 그래서 대량 인쇄에 적합합니다.

옵셋 인쇄에서 4개의 기계를 통과한다고 말씀드렸는데요, 이 네 개의 기계는 각각 C(Cyan), M(Magenta), Y(Yellow), K(Black)의 네 가지 색상을 말합니다. 이 네 색상을 모두 찍어내면, '풀컬러 인쇄'로 부르게 됩니다. 네 색깔이기 때문에 이를 '4도 인쇄'라고 부르며, K(Black) 한 가지 색깔을 인쇄할 때 보통 '1도 인쇄'라고 부릅니다.

책을 보다 보면, 어떤 책은 검정과 특별한 색 한 가지, 총 두 가지 색깔로만 이루어진 것을 볼 수 있을 텐데요. 이런 책을 '별색' 인쇄를 했다고 말합니다. '별색 인쇄'는, 예를 들어, C(Cyan) 색깔이 들어가야 하는 기계에 특별히 조색한 색깔의 잉크를 주입해서 인쇄를 하는 방식입니다. 이런 과정을 거치는 까닭은 두 개의 기계만 사용하여 인쇄 가격을 낮추기 위함입니다.

판(CTP)에 대하여,

CTP출력이란 컴퓨터에서 직접 인쇄판을 만들어서 뽑아내는 것을 의미해요. 탁상출판(DTP)에서는 일반적으로 인쇄용 필름을 뽑아낼 때까지만 하는 것이 통례였으나, CTP에서는 이러한 필름 작업을 생략하고 직접 인쇄판을 뽑을 수 있습니다.

옵셋 인쇄에서는 출판물의 원래 크기의 제판 파일을 만들고 감광제를 씌운 알루미늄판에 노광(露光)시켜 인쇄기의 인쇄판을 만듭니다. 그러나 CTP에서는 필름을 사용한 노광 공정이 생략되기 때문에 좀 더 정확한 디지털 데이터를 반영할 수 있어서 설비나 보관 장소가 필요 없는 이점이 있습니다. 일반 옵셋 인쇄는 일반적으로 가장 많이 이용되는 평판인쇄 방식으로 전단, 카탈로그, 소책자, 봉투, 패키지 등을 제작하는 데 이용됩니다.

일반 옵셋 인쇄를 하기 위해서는 인쇄용 필름이나 CTP판 등의 제작 과정이 필요하며 기계를 한번 돌릴 때, 잉크의 양이나 판형(4x6전, 국전, 2절 등)에 맞는 규격의 종이만이 인쇄가 가능합니다. 일반(옵셋)인쇄는 제작 과정에서 소요되는 제반 비용과 시간이 필수적으로 발생하기 때문에 대량 인쇄물 제작에 적합합니다.

옵셋 석판 인쇄는 물과 기름이 섞이지 않는 성질을 이용해 평판 인쇄를 합니다. 인쇄용 판에서 인쇄되지 않는 부분은 친수성으로, 인쇄되는 부분은 물에 젖지 않는 소수성으로 만드는 것입니다. 한편, 그라비아는 잉크로 차 있는 구리 원통에 새겨진 요철을 이용하는 인쇄법이고, 아닐린 인쇄는 폴리머로 된 판을 사용하는 양각 인쇄술입니다.

인디고 인쇄와 옵셋 인쇄 방식의 차이

인디고(디지털) 인쇄는 고속 레이저 프린터 출력 방식으로, 가정용 프린터의 전문가용이라고 보시면 됩니다. 옵셋 인쇄 시 필요한 중간 과정을 생략하고 원본 파일을 그대로 출력하기 때문에, 소량의 인쇄물을 적은 비용과 시간으로 만들 수 있습니다. 해상도가 높아, 옵셋 인쇄와 흡사한 고품질의 인쇄물이 완성되며, POD라고도 불리며 각종 보고서, 졸업 논문, 세미나 자료, 책자, 포트폴리오 등과 같은 소량 다품종 인쇄에 적합합니다.

그러므로 인디고 가제본만 보고도 옵셋 인쇄도 그 느낌으로 나올 거라 생각하면 안 됩니다. 인디고, 제록스 등 디지털 인쇄는 A3 사이즈 이하의 작은 종이에 인쇄하기 때문에 낱장 인쇄(시트 인쇄)라 말하기도 합니다. 디지털 인쇄는 토너나 전자 잉크를 사용하여 열에 의한 스프레드 방식으로 잉크를 분사해서 인쇄하기 때문에, 종이에 스며들지 않고 겉에 겉도는 느낌이 있어 더 선명하고 밝게 나옵니다. 하지만 옵셋 인쇄의 경우는 물과 기름의 원리를 이용한 기름 인쇄 방식입니다. 잉크가 종이에 안착이 되고 스며들기에 디지털 인쇄보다 무겁고 차분하다는 생각이 들 수 있습니다. 책을 처음 인쇄하시는 분들이 종종 디지털 인쇄물과 옵셋 인쇄물의 색상을 동일하게 맞춰달라고 하시는데, 이것은 이론적으로 불가능합니다.

마스터 인쇄는 무엇일까?

'마스터 인쇄' 또는 '경 인쇄'는 레이저 프린터로 인쇄된 원고를 직접 특수재질의 종이 인쇄판(Master Paper)에 촬영하여 인쇄하는 인쇄법을 말합니다. 인쇄 기술의 발전으로 최고 2도인쇄(2색인쇄)까지 가능하며, 소량 인쇄 시 가격이 옵셋 인쇄에 비해서 저렴한 장점이 있습니다. 마스터 인쇄로 완성품을 만들기도 하지만, 기성품 달력이나 봉투 등에 판촉하려는 회사의 상호 등을 마스터로 추가 인쇄하는 경우나, 교회에서 사용하는 주보, 논문, 소식지처럼 흑백 인쇄만으로 충분한 인쇄물에 널리 사용됩니다. 대량 인쇄할 경우 종이 인쇄판을 다시 제작해야 하므로 500부 이상은 옵셋 인쇄가 더 저렴합니다.

제본 형태

가장 자주 볼 수 있는 책의 형태는 '무선 제본'일 거예요. 스테이플러를 가운데에 찍어 접은 듯한 제본인 '중철 제본', 그리고 '양장 제본' 등이 기본적인 제본의 형태라고 볼 수 있겠습니다. 이외에도 180도로 펼쳐지게 하는 'PUR 무선 제본', 반으로 접지만 스테이플러가 아닌 실로 꿰매는 '중철 실 제본', 그리고 양장 제본의 실 부분이 보이게 만드는 '노출 양장' 등이 있지요.

PUR 무선제본

양장제본

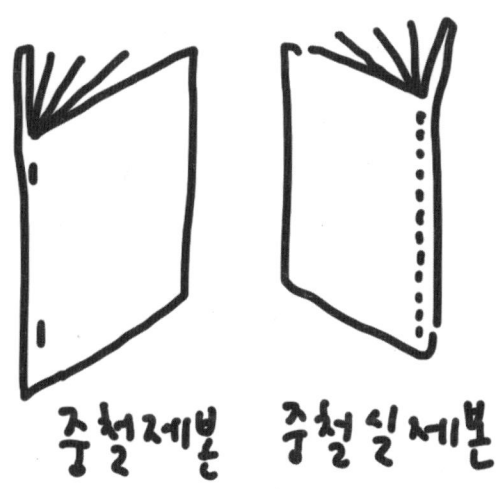
중철제본　중철실제본

스프링제본

책등 너비(세네카)

책등의 너비는 '세네카'라고 불리기도 합니다. 책등의 너비를 구하기 위해서 쉽게는 아래와 같이 표현할 수 있겠습니다.

> **페이지 수 ÷ 2 X 종이의 두께**

페이지 수를 2로 나누면 장수, 즉 몇 장의 종이인지를 알 수 있겠지요. 거기에 종이의 두께를 곱한 값이 책등의 너비입니다. 그러니까, 몇 페이지인지, 그리고 어떤 종이를 사용할지를 정해야 책등의 너비를 구할 수가 있겠지요.

책등의 너비, '세네카'는 포털 사이트에 '세네카 계산', '책등 두께 계산' 하는 식으로 검색하면 많은 정보가 나오는데, 이 페이지들에서 종이의 두께를 확인하고 계산하실 수 있습니다. 이 사이트들에서는 주로 mm가 아닌 μm(마이크로미터)를 사용해서, 나중에 1000을 곱하게 되어 있어요.

또 다른 방법으로는 '페이퍼맨(paperman)'이라는 애플리케이션을 쓰는 방법이 있습니다. 이 앱에서는 제지 회

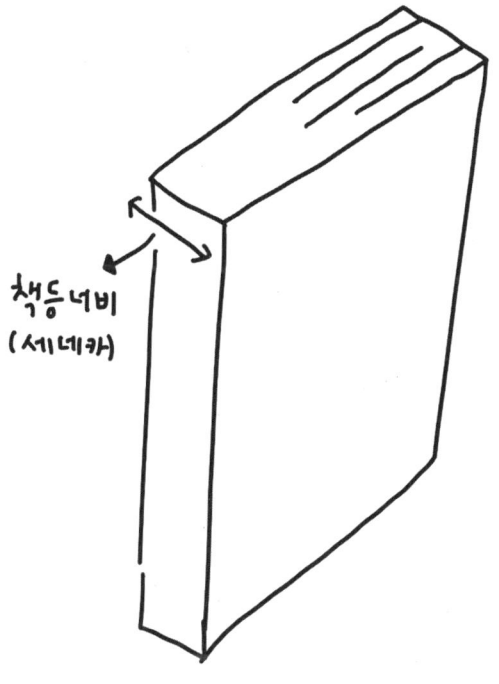

사를 고르고 종이와 평량을 고른 후, 페이지를 입력하면 자동으로 세네카 계산이 되어요.

인쇄소와 감리

인쇄소는 수도권에서는 을지로와 충무로, 파주에 많이 있습니다. 또 작은 지역이라 하더라도 각각 인쇄소가 있습니다. 잘 맞는 인쇄소를 찾는 일, 자신이 원하는 작업을 해주는 인쇄소를 찾는 일은 발품을 팔아야 하는 과정입니다. 인쇄소는 직접 방문해 찾아도 되지만, 자동 견적 웹사이트를 통해서 발주를 넣어도 됩니다.

'감리'라는 과정이 있습니다. 색깔이 원하는 대로 맞게 잘 나왔는지 확인을 하러 가는 과정을 감리라고 부릅니다. 인쇄소 측과 감리 일정을 먼저 잡은 후, 방문하여 인쇄소 기장님께 "더 쨍하게 인쇄해주세요" 혹은 "노란끼가 적게 해주세요" 또는 "조금 더 파란 느낌을 주세요"라고 부탁드릴 수 있습니다. 4도 인쇄의 경우에는 감리라는 작업이 필요하지만, 1도 인쇄는 감리 과정이 특별히 필요하지 않습니다. 만약 표지 색감을 보고 싶다면 내지는 1도 인쇄여도 볼 수 있어요.

아, 인디고 인쇄일 경우에는 감리를 보지 못합니다!

2. 인쇄소에 책을 맡기기 전에 어떤 것들을 정해야 할까?

1) 판형과 제본, 인쇄 방식

첫 번째는 판형과 제본, 인쇄 방식입니다. 앞서 말씀 드린 부분이고, 이미 정한 부분이시겠지만 다시 한번 이야 기 드려요. 판형은 mm(밀리미터) 단위로 정하시고, 날개 가 있는지, 있다면 사이즈는 어떻게 되는지를 알려드려야 겠지요. 제본 방식에는 일반적으로 볼 수 있는 무선 제본 이 외에 중철 제본과 양장 제본이 있습니다. 또 인쇄 방식으로 는 소량 인쇄에 적합한 인디고 인쇄와 대량 인쇄에 적합한 옵셋 인쇄가 있습니다.

2) 종이와 인쇄 도수

종이는 표지와 내지에는 어떤 종이를 쓸 것이고, 또 평량도 말씀드려야겠지요. 그리고 인쇄 도수는 인디고 인 쇄의 경우에는 흑백인지 컬러인지(혹은 흑백 1도인지 컬 러 4도인지)를 정하고, 옵셋 인쇄의 경우에는 몇 도 인쇄인 지, 별색은 들어가는지를 말씀드리면 되겠습니다. 예를 들어, 흑백 1도, 별색 2도, 컬러 4도 하는 식으로 말씀드리면 되겠지요.

3) 코팅 유무와 종류

코팅의 종류에는 크게 무광, 유광이 있는데요. 요즘에는 실리콘처럼 부드러운 느낌이 나는 것도 있고 격자 패턴이 들어간 코팅도 있지요. 그러나 가장 많이 쓰이는 코팅은 일반적으로 무광, 유광 코팅을 쓰지요. 코팅을 하는 이유는 책의 내구성을 좋게 하기 위해서입니다. 코팅이 안 된 책도 종종 볼 수 있는데, 유통을 하는 과정과 읽는 과정에서 오염되거나 책등이 터지는 경우가 있기도 해요. 코팅을 하는 편이 내구성을 위해 좋지만, 코팅을 하지 않는 경우들도 있어요. 환경을 위해서이기도 하고, 종이 자체의 질감을 살리기 위해서이기도 해요.

4) 면지의 유무와 종류(색상)

책 앞뒤로 들어가는 색지를 많이 보신적있지요? 그 종이를 면지라고 합니다. 이 면지를 추가하면 조금 더 완성도 있는 느낌의 책을 만들 수 있지만, 꼭 넣지 않아도 돼요.

5) 후가공

후가공은 인쇄소별로 해줄 수 있는 범위가 조금씩 다릅니다. 그래서 조금 특별한 것을 원한다면 그것을 해줄 수 있는 인쇄소를 찾아야겠지요. 첫 번째는 '박'입니다. 이 박은 여러분들이 아시는 것처럼 반짝이는 부분인데요. 생각보다도 더 다양한 종류의 박이 있답니다. 일반적인 색깔들로 이루어진 박들에서부터 홀로그램 박, 무지개 박, 다양한 박이 있으니, 책을 만드실 때 참고하시면 더 재미난 책을 만들 수 있겠지요.

두 번째는 형압과 부분 코팅입니다. 어떤 책들은 일부분만 쏙 들어가 있거나, 어떤 부분만 올라와 있는 경우가 있어요. 이것의 형압이라고 부릅니다. 또, 특정 부분만 반짝이는 코팅이 되어있는 책들을 볼 수 있는데, UV코팅 혹은 에폭시 코팅을 한 부분이라고 볼 수 있어요.

또, 인쇄소 웹사이트에서 귀도리와 도무송이라는 단어를 종종 볼 수 있습니다. 귀도리는 책의 끝 쪽을 동그랗게 만드는 것이고, 도무송은 자유로운 형태로 자르는 것을 말합니다. 책 앞쪽에 구멍을 내거나 끝부분에 모양을 내 자를 수가 있겠지요. 이 두 가지 후가공은 많이 쓰이지는 않지만 특별한 책을 만들고 싶을 때 사용하실 수 있어요.

추가적으로, 책에 비닐을 씌우는 작업을 '랩핑'이라고 합니다. 책이 상하지 않게 하고 싶으시다면 랩핑을 추가로 해달라고 말씀드리면 됩니다!

[후가공에 대해 정리해볼까요?]

박

형압

부분 코팅

귀도리

도무송

랩핑

이런 다양한 점들을 모두 정하고 나서 인쇄소에 맡기실 수가 있겠습니다. 그렇다면 세 가지 예시를 보겠습니다. 첫 번째로는 스토리지 에세이 시리즈의 하나인 <여름밤, 비 냄새>의 발주 예시를 함께 볼까요?

<여름밤, 비 냄새>

106 X 162(mm)

1,000부

160페이지

표지

: 랑데뷰 240g, 4도 인쇄, 무광 코팅, 날개 없음

내지

: 이라이트 80g, 별색 1도 인쇄

두 번째로는 2도 인쇄를 한 잡지 <move move move>의 경우입니다.

2도 인쇄와 흑백 사진

이 책은 2도 인쇄를 하면서 흑백 사진이 들어가는데요, 디자인 작업을 하실 때 흑백 사진을 포토샵에서 모두 흑백으로 바꿔주셔야 합니다. 왜냐하면 일반적으로 흑백으로 보이는 사진일지라도 CMYK의 네 색상이 모두 섞여 있기 때문이에요. 만약 2도 인쇄를 하게 된다면 '흑백으로 보이던' 사진에 '별색' 색상이 보이게 될 거예요.

<move move move>

150 X 220(mm)

156페이지

1,000부

표지

: 백색 모조지 240g, 4도 인쇄, 무광 코팅 / 날개 없음

내지

: 이라이트 80g, 2도 인쇄 (K, 마젠타)

세 번째는 엽서집 <melting snow>의 발주 예시입니다.

<melting snow>

110 X 165(mm)

특수 제본

1,000부

24장(48페이지)

표지

: 아코펙 300g, 8도 양면 인쇄, 무광 코팅, UV부분코팅

내지

: 아코펙 300g, 4도 단면, 1도 단면 인쇄

---

3. 인쇄에 대한 질문들

1) 컬러가 많이 들어가면 비싸지나요?

컬러 인쇄를 결정한 경우, 컬러가 많이 들어간다고 더 비싸지거나, 적게 들어간다고 저렴해지지 않습니다. 모든 페이지가 컬러인 사진집의 경우와 몇몇 페이지에 사진이 들어가는 사진 에세이의 나머지 사양이 모두 같다고 했을 때, 견적은 같습니다.

2) 딱 한 페이지에만 컬러 사진을 넣고 싶다면 어떻게 해야 하죠?

한 장만 따로 컬러 인쇄를 해서 따로 끼워 넣는 방법이 있습니다. 여러 장을 작업할 수도 있지요. 이렇게 하면 전체적인 인쇄비가 줄어들겠지만, 사람 손으로 끼워 넣는 일이기 때문에 아주 저렴하다고 볼 수는 없습니다.

3) 박이나 형압 견적이 너무 많이 나왔어요. 왜 그럴까요?

박이나 형압은 전체적으로 들어가는 부분의 판을 만

들어서 찍습니다. 그래서 박이나 형압이 들어가는 모든 부분을 한 판으로 작업해 판을 만듭니다. 예를 들어, 박이 책의 맨 위와 맨 아래에만 위치한다고 해도 책 크기만 한 판을 작업하지요. 이런 경우는 극단적이라, 인쇄소에서 아마 두 개의 판으로 나누어 작업하는 걸 권해주시겠지만, 포인트는 박이나 형압은 들어가는 전체 범위만큼을 작업한다는 사실입니다.

4) 책날개는 왜 있나요?

책날개는 다양하게 사용될 수 있습니다. 작가 소개나 책 소개를 인쇄할 수도 있고, 독자의 입장에서는 책을 어디까지 읽었는지 표시할 수도 있지요. 책의 만듦새에 있어서 책의 표지가 덜 들뜨도록 하기도 합니다.

5) 표지만 바꾸고 싶은데, 모두 폐기하고 새로 찍어야 할까요?

아니요, '표지 갈이'라는 방법이 있습니다. 표지에 에러가 있거나 잘못 나온 경우, 아예 바꾸고 싶은 경우에 사용할 수 있지요. 기존의 표지를 뜯어내고 표지만 새로 인쇄해서 제본하는 방식이에요. 이 방법은 표지만 갈 수 있다는 장점이 있지만, 한 번 더 재단을 해야 하기 때문에 전체적인 책의 크기가 줄어들 수 있습니다. 아울러 책등의 풀칠도 한 번 더 하기 때문에 책의 펼침성 또한 현저히 떨어집니다.

6) 책 표지가 뜨거나, 책이 말려요. 왜 그런 거죠?

책 표지가 뜨는 일은 본래 만들어져야 하는 결에 맞추지 못한, '엇결'을 사용할 경우 종종 생깁니다. 특히 수입지는 우리나라의 특성에 맞게 맞춤 생산된 종이가 아니기 때문에 맞는 결을 찾기 힘듭니다. 인쇄소에서는 이 경우 표지의 방향을 종이가 많이 허비되더라도 돌려 앉혀 작업할 수 있습니다.

책의 표지가 말리는 일은 너무 얇은 종이의 경우에 정결로 작업을 해도 코팅 후에 그런 현상이 생길 수 있습니다. 얇은 종이에 비닐 코팅을 하면 종이가 결대로 두루마리 휴지처럼 말려 들어갑니다.

7) 어디까지가 파본이라고 할 수 있을까요?

표지나 내지가 접히고 찢기는 등 상품으로서의 가치가 떨어진 경우, 내용을 식별할 수 없는 인쇄 오류의 경우, 페이지가 잘못 붙어있거나 책 사이즈를 잘못 재단한 경우에 '파본'이라고 부를 수 있습니다.

파본이라고 부르기 어려운 경우는 표지 박 또는 코팅의 스크래치, 내용 확인에 문제가 없는 오탈자, 미세한 인쇄 색상 차이, 시간 경과에 따른 종이 변색 및 변형, 해상도가 낮은 사진을 사용한 경우, 디자이너의 실수로 인한 서체 깨짐과 이미지 누락, 재쇄의 경우 표지 색깔의 미세한 차이가 있습니다.

8) (엽서집 등) 특이한 제본을 하고 싶어요. 어디에, 어떻게 맡겨야 할까요?

오랜 노하우를 가진 제작업체를 선정하셔서 하면 좋아요. 특이한 제본은 발품을 많이 팔아야 하고 견적 내는 것도 어려움이 많아 귀찮아서 안 해주시는 경우가 종종 있어요. 가장 좋은 방법은 기존 만들고 싶은 디자인의 책을 구하셔서 제작자에게 전달하면 좀 더 쉽고 빠르게 견적을 내고 제작이 가능합니다.

9) 정해진 판형 외에 다른 크기의 판형으로 작업하면 더 비싸지나요?

종이의 A(A4, A5 등) 계열과 B 계열 안에서 선택되는 판형에 맞춰 종이가 계산되기 때문에, 일반적인 책자의 견적과 크게 다르지 않습니다.

다만 종이가 잘려 나가는 부분이 생길 수 있습니다. 이를 종이 로스라고 합니다. 예를 들어 B6의 변형이라고 한다면 그 안에서 가로 폭을 10mm 줄인 판형일 때, 그만큼씩의 버려지는 종이가 생기는 것이지요.

인쇄 용어들

'세네카'가 책등의 너비라고 말씀드렸지요? 이렇게 인쇄소들에서는 아직 일본식 용어들을 많이 사용하고 있습니다. 그래서 만약 세네카와 같은 단어를 모른다면, 인쇄소에서 "세네카가 틀렸어요"라는 말을 알아듣기 어려울 수 있지요. 그래서 자주 쓰이는 인쇄 용어들을 조금 정리해봤습니다.

(장)도비라 : 장을 나누는 부분.
빼다 인쇄 : 망점 처리 없이 꽉 채워 하는 인쇄.
싸바리 : 주로 양장본에서 판에 표지를 감싸는 일.
오시 : 접는 부분.
귀도리 : 각진 모서리를 둥글게 만드는 작업.
도무송 : 칼선을 넣어 원하는 모양대로 자르는 작업.
가름끈 : 양장본에서 책 읽은 부분을 표시할 수 있는 끈.

5.
나만의 책 유통하기

책을 기획하고 제작하고 디자인을 하고 인쇄를 하였다면, 이제 내가 만든 책을 소개하고 판매를 해야합니다. 물론 혼자 보고 싶어서, 혹은 친구들, 가족들과 나눠보고 싶어 제작한 책이라면 해당 사항이 없겠지만, 100부, 300부, 500부, 1,000부를 발행했다면 내가 만든 책이 세상에 널리 퍼질 수 있게 해야겠지요.

0. 유통을 위한 준비물

탄탄한 서지정보 준비
우리는 기획 파트에서 '책을 한 문장으로 소개하기'의

필요성에 대해 얘기한 바 있습니다. 이 한 문장에서 나아가 두세 문단의 긴, 그리고 매력적인 책 소개를 한 번 적어봅시다. 책을 받을 서점을 떠올리며, 또 책 소개를 읽을 독자를 떠올리면서 말이에요.

작가의 SNS 계정

독립출판물을 만들게 되면, 책방에 위탁하여 판매하기도 하고 직접 판매하는 경우들도 적지는 않습니다. 어떤 작가님의 경우 책을 만들고 본인의 SNS를 통해 모든 재고를 판매하시는 경우들도 있는데요. 어느 시대보다 각자의 채널이 중요한 것 같아요. 인스타그램과 네이버 블로그 정도는 함께 운영해도 좋지 않을까 싶습니다.

나의 작업물들을 아카이빙하는 목적으로 채널을 이용한다면 팔로우 숫자가 늘지 않음에 큰 스트레스를 받지 않을 수 있습니다. 물론 늘어나면 좋고 행복한 일이지만, 늘지 않더라도 지치지 않았으면 합니다. 꾸준히 작업을 하고 이어가다 보면 어느새 나의 작업물을 응원하는 분들이 생기고 새 책이 나올 때 서슴지 않고 구매해주실 수 있는 강력한 응원자들이 생길 수도 있어요.

누구보다 뛰어나지 않은데, 나의 작업물을 좋아할까? 라고 고민하고 주저하실 수도 있지만, 각자의 색이 있고 방향성이 다르듯이 그 각기 다름에서 나의 작업물을 좋아하는 분들은 분명 계실 것이라 생각합니다. 나의 작업물을 솔직하게 온전히 담아서 운영해보세요. 지치지 않고 꾸준히 이어 나가 보세요. 뜻하지 않는 일들을 마주할 수도 있고, 페어에 참가할 때도 복잡한 PDF 제출하는 것보다 나의 작업을 보여줄 수 있는 자료로도 활용하실 수 있을 테니까요.

ISBN이 꼭 있어야 하나요?

ISBN은 'International Standard Book Number'의 약자로, 국제 표준 도서 번호를 뜻합니다. 이 ISBN은 출판사 등록과 사업자 등록을 해서 출판사를 개업하시면 발급받으실 수 있는데요. 결론부터 말하자면 '독립출판물을 다루는 책방'에서는 반드시 필요한 건 아닙니다. 1인 출판사와 ISBN에 대해서는 2번 파트에서 다루도록 할게요.

가격은 얼마로 하면 좋을까요?

비슷한 사양의 다른 책을 참고하는 방법이 있겠습니다. 동시에 가장 중요한 것은 책 한 권의 단가겠지요? 예를 들어, 한 권의 단가가 3,000원이라고 하고, 10,000원으로 책 가격을 책정했다면, 서점 수수료를 제하고 권당 3,500원이 남겠습니다. 물론 배송비 등은 포함하지 않은 가격이지만요.

그리고 자신이 팔고 싶은 가격이 있을 수도 있겠죠? 그 경우, 단가를 계산했을 때 만약 10,000원으로 책정하고, 단가가 5,000원이 된다면 남는 금액이 적기 때문에 팔아도 거의 남지 않는 구조가 될 수 있어요. 이 경우에는 원하는 가격을 설정해두고 인쇄 부수를 늘려 권당 단가를 낮추는 방법도 있겠습니다.

결론은 책의 제작 단가와 서점 수수료를 잘 생각해보고, 또 다른 책들을 참고하여 책의 가격을 맞춰보시면 되겠습니다.

1. 독립출판물을 다루는 책방에서의 판매

'나만의 책'이 만들어졌다면, 독립출판물을 다루는 책방에서 판매를 할 수 있습니다. 그러기 위해서는 책방에 입고를 해야겠죠? 쉽게 설명하자면 다음과 같은 세 단계의 입고 과정이 이루어집니다.

1) 독립출판물을 다루는 서점의 이메일 수집
2) 독립출판물을 다루는 서점에 '입고 메일' 쓰기
3) 답신이 오면 책 보내기

이렇게 세 단계로 축약하니 어쩌면 쉬워 보이는 일일 수 있습니다. 하지만 세 단계 모두 꽤 마음을 다잡고 시작하시는 편이 좋을 것 같아요. 한 단계 한 단계 살펴보도록 하겠습니다.

1) 독립출판물을 다루는 서점의 이메일 수집

독립출판물을 다루는 서점들도 서점마다 특색이 모두 달라요. 어떤 서점은 에세이를 많이 받을 수도 있고, 어떤 서점은 그림책만 다루기도 하고, 또 어떤 서점은 기성 출판물과 함께 판매하고 있기도 합니다. 그래서 먼저 그 책방에서 판매하고 있는 책의 특성을 살펴보고 입고 준비를 하는 편이 좋겠습니다.

두, 세 번째 단계에 대한 설명이 지난 후, 몇몇 독립출판물을 다루는 서점들에 대한 정보가 담겨 있으니, 그 부분을 확인하시는 편도 좋고, 직접 책방들을 찾아보는 편도 좋겠습니다. 인스타그램이나 블로그를 통해 다양한 독립출판물을 다루는 서점들을 찾아보실 수 있습니다. 그렇게 책방의 인스타그램이나 블로그를 통해 어떤 책들이 들어오고 있는지, '나만의 책'이 그 책방과 잘 어울리는지를 확인하실 수 있겠습니다. 대부분 입고 문의를 위한 이메일을 프로필에 따로 적어놓기 때문에, 해당 메일을 통해 '입고 메일'을 쓰시면 되겠습니다.

반면, 메일로 한 권 한 권 입고를 받지 않고, 입고 신청 폼을 통해 입고 신청을 받는 책방들도 있어요. 이 책방들의 인스타그램 혹은 블로그에서 링크를 쉽게 찾으실 수 있을 거예요.

2) 독립출판물을 다루는 서점에 '입고 메일' 쓰기

입고 메일을 쓰는 형식이 정해져 있는 건 아닙니다. 다만 자신의 책을 서점에 잘 소개할 수 있는 방식이면 좋겠지요. 아래의 내용들은 반드시 필요한 것들이니 입고 메일을 보낼 때 썼는지 확인해보아요.

- 서지 정보 : 책 제목, 글쓴이, 책 판형, 책 가격, 페이지수 등
- 책 소개 : 책에 대한 짧은 소개(2~3문단), 목차, 책 내용 등
- 이미지 자료 : 책 사진 또는 목업, 책 평면 표지, 내지 샘플 등

위의 자료들을 정리하셨다면 어떤 형태로든 책 소개를 쓰실 수 있어요. 1) 이메일 본문 자체에 다양한 정보들을 추려서 발송할 수도 있고, 2) PDF나 PPT 자료를 만들어 보내실 수도 있고, 3) 또, 구글 드라이브 링크 등을 통해 자료들을 발송하실 수도 있겠지요. 다시 말씀드리면, 어떤 형태로든 책방에서 "아, 이런 책이구나~"를 알 수 있는 자료면 충분해요.

[입고 문의] <한때 우리의 전부였던>

안녕하세요, 웜그레이앤블루의 김현경입니다.
날이 좋은 하루네요!
다름이 아니라, 저희 신간이 새로 나와 입고 문의차 메일을 드립니다.

한 모임 자리에서 "그때는 말이야"로 시작한 옛 기기들의 이야기를 시작으로 한 권의 책이 되었습니다. 투고를 받아 21명의 저자들이 21편의 글을 써주셨고, 삐삐에서 mp3까지 다양한 기기들에 대한 이야기가 담겨 있습니다. 책 소개를 보시고 입고를 희망하신다면 답신 주시면 감사하겠습니다.

[입고용 자료 및 책 소개 URL]

[책 소개]
90년대에서 2000년대를 함께 한 기기들에 대한 향수.
삐삐에서부터 마이마이, CD플레이어, mp3, 2G휴대폰까지, 우리와 함께했던 다양한 전자 제품들에 대한 이야기를 모았다. 총 스물한 명의 저자가 자신과 함께했던 특별한 제품들에 대한 사연을 남겨주었고, 스물한 편의 글이 모여 한 권의 책이 되었다.

[내용 중에서]
[목차]
[필진]

[서지 정보]
ISBN 9791191514131
가격 12,000원
페이지 186
규격 128X182(mm)
발행일 2022년 10월 31일

환절기 건강 유의하시길 바랍니다.
감사합니다.

현경 드림

3) 답신이 오면 책 보내기

메일을 보내면 책방에서 답신이 옵니다. 보통 이런 식으로 답신이 오게 될 거예요.

"65%의 공급률로 위탁 판매를 합니다. 정산은 2개월 주기입니다. 샘플 1권과 5부를 이곳으로 보내주시거나 방문해주세요."

이제 이 문장을 하나하나 뜯어 볼까요? 먼저, '65%의 공급률'이라는 말은, 정가의 65%의 가격에 책을 판매해주겠다는 뜻입니다. 다르게 생각하면 35%의 수수료를 받겠다는 뜻이지요. 예를 들어, 10,000원짜리 책이라면 판매 후 6,500원을 정산해준다는 뜻입니다.

다음으로, '위탁 판매'라는 뜻은 책을 먼저 보내고, 책이 판매되면 그 값만큼을 보내주는 방식입니다. 그래서 뒤에 '정산은 2개월 주기입니다'라고 적힌 것으로 보아, 2개월 동안 팔린 책값만큼 금액을 보내주게 되는 것이지요. 이 정산 주기는 책방별로 모두 달라서, 한 달에 한 번인 곳도 있고, 2달 혹은 3달, 아니면 6개월까지도 정산 주기가 차이 나기도 해요. 다른 방식으로는 '매입' 혹은 '매절'을 선호하는 책방들도 있는데요. 이 책방들에는 책을 보낼 때 그 수량만큼 바로 정산을 해줍니다. 매입의 경우에는 '공급률'이 조금 더 낮게 책정되곤 해요.

마지막으로, 책은 주로 최초 입고 수량으로 샘플 1권과 5~10부 정도로 받는 경향이 있습니다. 샘플은 손님들이 쉽게 읽을 수 있도록 1권 정도 더 비치하는 역할을 하지요. 책은 택배로 발송하거나 방문 입고를 할 수 있습니다. 방문하기에 먼 곳이라면 책을 택배로 발송할 수도 있겠고, 가까운 곳이나 갈 수 있는 곳이라면 직접 방문하여 책을 전달할 수도 있겠습니다. 방문 입고만의 즐거움이 있기도 하지요.

사업자의 경우 70%의 공급률로 위탁 판매
개인일 경우 65%의 공급률로 위탁 판매

이제 이 말이 꽤 잘 와닿나요? 많은 책방의 경우에 위와 같이 거래하고 있습니다. 개인일 경우에는 지출을 증빙하기 어려워, 세금을 책방 측에서 부담하고 있기 때문입니다. 그래서 5%의 공급률이 더 낮은 것이지요. 사업자의 경우에는 홈택스를 통해 '계산서'를 발급해주시는 경우에 70%의 공급률로 거래하는 책방이 많아요.

책방의 상황에 따라 답신이 오지 않을 수도 있고, 입고 거절 메일이 올 수도 있습니다. 거절 메일이 오더라도 너무 슬퍼하지 마세요. 독립출판물을 다루는 서점들은 대개 규모가 작고, 적은 인력이 운영하기에 거절하게 되는 경우들이 발생하니까요.

책방으로의 책 배송은 어떻게 할까요?

후에 말씀드리게 될 '창고'와 계약하지 않는다면, 인쇄된 책의 전량이 집으로 오게 돼요. 집에 책을 쌓아놓고 주문이 들어오면 각각 보내야 하지요. 우체국이 가까운 곳에 있다면 우체국 택배를 이용하시고, 아니라면 편의점 택배를 사용하시면 되겠습니다. 또 물량이 많아져서 들고 가서 배송하기 어렵다면 우체국 택배의 '방문 접수'를 이용하시거나, 지역의 택배사에 연락을 해 계약할 수도 있겠습니다. 택배를 보낼 시에는 책이 상할 수 있으니, 이 점 유의하시면서 꼭꼭 안전하게 배송하세요.

'비닐 포장'을 해달라는 책방도 있는데, 이 경우에는 'OPP'라고 불리는 비닐 포장재를 구매하셔서 한 권 한 권 비닐 포장을 하셔도 되고, 인쇄 단계에서 '랩핑'을 하시면 되겠습니다.

책방 입고 시 참고하면 좋을 사항

1) 작업실처럼 운영되고 있는 곳인지 아닌지

책방의 소식을 인스타그램이나 다른 채널로 보다 보면 규칙적으로 운영되는 일보다 운영 시간의 변화가 잦은 곳들을 만나실 수 있어요. "오늘은 몸이 좋지 않습니다", "오늘은 외부 미팅이 있습니다" 등 개인이 운영하는 공간이다 보니 변수가 발생할 수 있지만, 운영시간에 대한 공지는 최소한 책방 운영시간 전에 올라오거나 가능하면 운영시간을 지키는 곳이면 좋을 것 같아요. 내가 내 책을 맡기는 입장에서 공간에 대한 불확실성이 크다면 공간에 대한 안정감도 떨어질 수 있다고 생각해요. 이는 책방을 찾아가려고 한 손님들도 비슷하게 느끼시지 않을까 싶습니다. 다른 요소들은 제외하더라도 약속한 운영시간을 가능한 한 지키는 곳이면 좋지 않을까요?

2) 가까운 곳이 아니면 신중히 결정하자

소셜미디어를 적극적으로 활용하는 책방이라면 상관없겠지만, 한 달에 한 번 혹은 두 달에 한 번씩 소식이 올라오는 경우, 그 책방이 영업을 하고 있는지 운영을 하고 있는지 궁금해서 그곳으로 가볼 수 없기에 책방 운영에 대해 안정감을 받을 수 있는 곳이면 좋을 것 같아요. 예전에도 그렇지만 현재도 책방들이 소리소문없이 사라지는 경우들이 종종 있곤 합니다. 책을 돌려주지 않은 채 말이죠. 불가피한 상황으로 책방이 문을 닫는다면, 내가 만든 책이니까 나에게로 돌아오는 게 맞는데, 그렇지 않은 일들이 심심치 않게 발생하곤 합니다. 책방의 운영 여부가 궁금해서 가볼 수 있는 곳이 아니라면, 한 번쯤은 살펴봐도 좋지 않을까 싶습니다. 물론 책방의 소셜미디어를 적극적으로 활용하는 곳이라면 괜찮겠죠.

3) 책방의 컨셉이 어떤지 확인하자

독립서점의 종류가 워낙 다양해지다 보니 그림책, 사

진집, 디자인 서적, 인문 사회과학 중심, 자연 과학, 추리 소설 등 특정 장르의 책들만 취급하는 곳들을 자주 만날 수 있습니다. 그 책방들의 성격들을 파악하여 입고 메일을 보내시는 게 좋을 것 같아요. 그림책을 만들었다면, 사진집만 파는 책방에 입고 메일을 보낼 필요가 없듯이 내가 만든 책과 입고를 고려하고 있는 책방의 책들과 맞는지 맞지 않는지 확인 후 그 성격이 맞다면 메일을 보내봅시다.

4) 한 지역에는 한 곳에만 입고를 하자

독립출판을 하며 수천, 수만 권을 발행한다고 하면 전국에 있는 책방들에 모두 입고를 시도해야겠지만, 만약 100부 정도로 소량만 초판을 찍는다고 하면, 입고에 신중을 기할 필요가 있습니다. 제가 발행하는 책 중에 <Walk zine>이라는 사진집을 만들 때, 100부 기준에 총 27만원 정도가 소요됩니다. 그럼 책의 단가는 약 2,700원 정도가 되겠지요? 처음 1년은 10곳에 입고를 했어요. 책방의 입고가 보통 샘플을 포함해서 6부가 가장 많아서 10곳에 입고를 하면 66부가 처음에 재고가 빠지게 되는데요. 100권 중에서 10권이 샘플로 활용된다는 부분을 간과했어요. 실제로 판매할 수 있는 책이 90권이 되면 한 권의 단가가 3,400원으로 올라가거든요.

　제가 입고한 책방들로부터 정산을 받으면 5,000원의 책이었기에 3,500원을 정산받게 되는데, 권당 100원이 남는 수준이지만 실제로 택배로 책을 발송했고 책을 위한 포장지 구입 등을 고려한다면 팔면 팔수록 마이너스였던 거예요. 물론 <Walk zine>의 경우 보다 많은 사람들이 사진집을 가볍게 만날 수 있으면 하는 바람에 만든 기획이었고, 다음 책을 위한 금액만 마련이 된다면 좋겠다는 취지로 만들었지만, 팔수록 금전적으로 손해를 볼거라 생각했던 건 아니었거든요.

　그래서 100부나 200, 300부 정도의 수준으로 책을 제작하신다면, 책방들의 장소가 밀집된 곳들이라기보다는 조금은 분산되어 있는 위치의 책방들로 선정하시는 게 어떨까 싶어요. 책방에 입고하는 행위 자체는 그 지역으로 찾아오는 손님들에게 나의 책을 알리고 소개하고 만날 수 있게 하는 접점의 역할일 수 있거든요. 굳이 한 동네 여러 책방에 입고를 하기보다는 전국적으로 다양하게 나의 책을 만날 수 있게 입고 책방을 선정해보시는 게 어떨까요?

독립 서점에서 입고 기준은 어떻게 되나요?

독립서점의 입고 기준은 뚜렷한 기준이 있다기보다는, 책방에 따라 책방 운영자의 취향, 책방의 성격, 책방의 상황에 따라 다릅니다. 어떤 책방은 에세이를 많이 취급하는 반면, 어떤 책방은 그림책이나 사진집을 더 많이 취급하기도 해요. 또, 책방의 상황에 따라 너무 많은 입고 문의가 온다면 어쩔 수 없이 거절하게 될 수도 있어요. 하지만, 너무 겁먹지 말고 책방에 문의를 보내보고, 입고되지 않아도 실망하지 말아요.

__독립출판물을 다루는 책방 리스트__

전국 1,000여 곳에서 일부 독립출판물을 취급하는 곳들로, 모든 책방을 리스트에 다루지 않은 점 참고 부탁드립니다. 더불어 책방마다 장르별로 구분되는 경우들도 많은 편으로 책방의 리스트를 참고 후 개별 책방의 SNS 혹은 웹사이트를 통해 책방의 성격을 파악하신 후 입고 메일을 보내시길 바랍니다.

[서울]

유어마인드
주소 : 서울 서대문구 연희로11라길 10-6, 2층 우측
이메일 : ym@your-mind.com
인스타그램 : @your_mind_com

낫저스트북스
주소 : 서울 성동구 성덕정9가길 14
이메일 : eunsolkorea@gmail.com
인스타그램 : notjust_books

스페인책방

주소 : 서울특별시 중구 퇴계로36길 29 기남빌딩

이메일 : spainbookshop@gmail.com

인스타그램 : @spainbookshop

이라선

주소 : 서울특별시 종로구 효자로7길 5, 1층

이메일 : irasunbookshop@gmail.com

인스타그램 : @irasun_official

헬로인디북스

주소 : 서울 마포구 동교로46길 33

이메일 : helloindiebooks@gmail.com

인스타그램 : @helloindiebooks

gaga77page

주소 : 서울 마포구 망원로 74-1, 지하 1층

이메일 : gaga77page@naver.com

인스타그램 : @gaga77page

이후북스

주소 : 서울 마포구 망원로4길 24, 2층

이메일 : now.after.who@gmail.com

인스타그램 : @now_afterbooks

무엇보다 책방

주소 : 서울특별시 송파구 백제고분로45길 30 미석빌딩 305호

이메일 : twodaybooks@naver.com

인스타그램 : @more.than_anything

아인서점

주소 : 서울특별시 마포구 월드컵로3길 31-30, 3층

이메일 : ain-bookstore@naver.com

인스타그램 : @ain.books

픽셀 퍼 인치

주소 : 서울특별시 용산구 한강대로54길 7, 301호

이메일 : pixcel_per_inch@naver.com

인스타그램 : @pixel.per.inch

[경기]

낯설여관 204호
주소 : 경기도 수원시 장안구 영화로71번길 33, 2층
이메일 : ridinn.official@gmail.com
인스타그램 : @ridinn.book

그런 의미에서
주소 : 경기 수원시 영통구 매여울로40번길 42-2, 1층
인스타그램 : @2nd_his_meaningshop
입고 : 구글 폼 작성을 통한 방식 (인스타그램 프로필 링크)

브로콜리숲
주소 : 수원시 팔달구 화서문ㄴ로 32번길 21-10, 2층
이메일 : broccoli_soop_book@naver.com
인스타그램 : @broccoli_soop

오헤
주소 : 경기 파주시 송학1길 173-1, 1층
이메일 : contact@ohye.kr
인스타그램 : @ohye.kr

오평

주소 : 경기도 수원시 영통구 청명북로7번길 8-16

이메일 : spero4444@naver.com

인스타그램 : @o_pyeong

[이외 지역]

더폴락

주소 : 대구광역시 중구 경상감영1길 62-5, 1층

이메일 : thepollack@naver.com

인스타그램 : @thepollack5

다다르다

주소 : 대전광역시 중구 중교로73번길 6, 1-2층

이메일 : info@citytraveller.co.kr

인스타그램 : @differeach

누군가의 책방

주소 : 경상북도 경주시 서악2길 32-16

이메일 : someonebookshop@naver.com

인스타그램 : @someonebookshop

낯가리는 책방

주소 : 전라남도 여수시 공화남1길 11, 1층 왼쪽

인스타그램 : shy_y_books

고스트북스

주소 : 대구광역시 중구 경상감영길 212, 3층

이메일 : ghostbooksinfo@gmail.com

인스타그램 @ghost__books

동아서점

주소 : 강원도 속초시 수복로 108

이메일 : duhgun@naver.com

인스타그램 : @bookstoredonga

라바북스

주소 : 제주 서귀포시 남원읍 태위로 87, 1층

이메일 : labas.book@gmail.com

인스타그램 : labas.book

[스토리지북앤필름]

스토리지북앤필름 해방촌

주소 : 서울특별시 용산구 신흥로 115-1, 1층

이메일 : hbcstorage@gmail.com

인스타그램 : @storagebookandfilm

스토리지북앤필름 로터리점

주소 : 서울특별시 용산구 신흥로 36길 5, 1층

이메일 : storagebookstore@gmail.com

인스타그램 : @at_storage

스토리지북앤필름 후암점

주소 : 서울특별시 용산구 두텁바위로 94-1, 1층

이메일 : storagehuam@gmail.com

인스타그램 : @storage_huam

소개해드린 책방들 외에도 많은 책방들이 있으니, 인스타그램, 블로그 등을 통해 만나보시고 입고해보시면 좋겠습니다.

2. 1인 출판사 등록

1인 출판사로 등록을 하면, ISBN을 발급받으실 수 있습니다. ISBN을 발급받는 경우에는 바코드를 책에 추가할 수가 있고, 그러면 대형 서점에 유통이 가능합니다. ISBN이 있으면 독립출판물을 다루는 서점 외에 더 다양한 유통 루트가 생기는 것이지요. 이 방법에 대해 알아보자면 아래와 같습니다.

1) 구청에서 출판사 등록하기
2) 세무서에서 사업자 등록하기
3) 서지정보 유통지원시스템에서 발행자 번호, ISBN 신청하기
4) 창고와 계약
5) 대형 서점 또는 유통사와 거래 계약

위의 순서대로 구청에서 출판사 등록, 세무서에서 사업자를 등록하면, '서지정보 유통지원시스템'에 가입해서

'발행자 번호'를 신청할 수 있어요. 발행자 번호가 나오면 ISBN도 신청할 수 있게 되지요. 신청란에서 책에 대한 정보를 기입하고, 하루 이틀이 지나면 ISBN이 발급되었다는 문자나 이메일을 받을 수 있습니다. 그러면 바코드를 다운받아, 책의 뒤표지에 추가하면 되지요.

4번째인 '창고'와 계약이 조금 생소한 부분이실 텐데요. 여기서의 '창고'는 책을 보관해주고 서점들에 보내주는 역할을 합니다. 각 창고에서 쓰는 시스템을 통해, 예를 들어, [<여름밤, 비 냄새> 10부 / 교보문고(인터넷)] 하는 식으로 발송할 수 있습니다. 그러면 그날 해당 서점으로 가는 책들을 모두 싣고 가지요. 여기서 창고가 중요한 이유는 매일매일 바로 배송을 할 수 있다는 점입니다. 만약, 집에 책을 보관하고 택배로 대형 서점까지 발송한다면, 소비자가 책을 받는 시점이 많이 늦어질 수가 있습니다. 또, 매번 매일 책을 택배로 보내는 일은 금전적으로나 체력적으로나 어려운 일일 테고요.

대형 서점 중 '알라딘'은 창고의 유무를 따지지 않지만,

교보문고 등에서는 창고와 계약이 되어 있는지가 중요합니다. 그래서 대형 서점과 거래를 준비 중인 경우 어떻게 보면 창고가 필수라고 할 수 있겠죠. 대형 서점과 계약을 하려면, 각 서점 웹사이트에서 가장 아래로 내려 출판사와 관련된 링크를 누르시면 됩니다. 예를 들어 교보문고는 '협력사 여러분'이라고 적혀 있고요. 서점마다의 계약 방식에 따라 계약을 하고 나시면, 여러분이 만든 책을 대형 서점에서도 만나실 수 있습니다.

3. 직접 판매

"책이 나오면 친구들에게 선물하고 싶어요", "고마운 사람들에게 선물할 예정입니다"라는 이야기들을 첫 시간에 많이 해주시곤 합니다. 책을 기획하고 만들고 인쇄까지 그 과정을 통해 책이 완성되었을 때 누군가에게 나의 책을 마음을 담아 건넬 수도 있겠지만, 저는 꼭 책은 판매를 하시는게 좋지 않을까요? 라고 말씀을 드리고 있습니다. 그 이유는 우리가 공짜로 생긴 물건에 대해 어떻게 생각하는지 되돌아보면 조금 더 명확해질 수 있을 것 같아요. 물론 귀하게 여기는 경우도 많겠지만, 주는 사람의 고마움과 받는 사람의 고마움이 같기를 바라는 건 주는 사람의 욕심이라고 생각해요. 때로 받는 사람도 고마운 마음이 크겠지만, 힘들게 만든 책이 어느 누군가에게는 "그냥 지인이 만든 혹은 준 책이야"라고 될 수 있다는 것이죠. 어렵고 힘든 과정을 통해 만든 책이 책꽂이에 바로 꽂힌다면 우리가 그동안 작업한 결과물이 받아도 되는 대우일까를 생각해보셨으면 좋겠어요. 최소한 그 책에 대한 값어치를 받아야 하지 않을까 싶습니다. 더불어 고마운 게 너무 많은 친구라면 식사 혹은 커피 대접은 충분히 할 수 있는 일이니까, 그리고 내가 만든 책을 사준 누군가라면 늘 마음속에 그 고마움이 남아 있을 테니까요.

4. SNS 판매

기성출판으로 나의 콘텐츠가 실려 책으로 나왔을 때와 독립출판을 통해 나의 책이 나왔을 때 체감의 차이가 있을 수 있어요. 기성출판의 경우에도 분명 나의 책인데 작가한테 직접적으로 연락이 오는 경우가 드물어요. 몇 권이 팔렸는지 누가 보고 있는지 도통 알 수 없을 때가 많은 반면, 독립출판의 경우 책을 만든 사람에게 관심을 가져주시는 경우들이 많아요. 메시지로 '작가님 책 잘 봤습니다', '작가님 작품 너무 좋아요' 등의 피드백부터 꾸준히 작업을 하고 공유하고 있다면, 언젠가 새 책을 준비할 때 지인보다 훨씬 더 강력하게 나의 작업을 응원해주시는 분들이 생기게 되는 경우들이 많아요. 그래서 소셜미디어를 이용함에 있어서 스트레스를 많이 받지 않는 편이라면 충분히 활용해봐도 좋지 않을까 싶습니다.

제가 운영하는 책방의 경우 인스타그램, 네이버 블로그, 트위터, 페이스북 등 4개의 채널을 활용하고 있는데요. 해방촌으로 책방을 이전하고 방문해주시는 손님들께 여쭤봤었어요.

"어떻게 알고 이렇게 힘든 곳의 책방에 오시게 되었나요?"
"페이스북 보고 왔어요"
"트위터 보고 왔어요"
"인스타그램 보고 왔어요"
"블로그 보고 왔어요"라는 답변을 받으며,

어떤 손님은 트위터만 하실 수도 있고, 블로그만 하실 수도 있는데, 예를 들어 저희가 인스타그램만 한다는 전제 하에 "저희 책방 소식은 인스타그램에 올리니까 인스타그램 보세요"라고 하는 건 일방적이라 생각했어요. 그래서 조금은 번거롭지만 네 가지의 채널을 활용했고 현재는 반응이 거의 없는 페이스북을 제외한 나머지 플랫폼을 활용해 책방의 소식들을 전하고 있습니다.

현시점에는 인스타그램과 네이버 블로그를 활용하시면 어떨까 싶습니다. 워낙 작은 가게들, 작은 브랜드들이 편하게 활용할 수 있는 것이 인스타그램이고, 네이버 블로그의 경우 상시 검색이 된다는 점과 내 블로그 안에서 필요한 정보를 검색할 수 있는 점도 장점이라고 생각했습니다. 시간이 흘러 내가 필요한 과거의 정보를 보고자 할 때 손가락으로 계속 내려야 하는 인스타그램과 달리 블로그는 검색이 되기에 바로 내가 원하는 과거의 정보를 찾을 수 있더라고요. 그런 부분에서 꽤 유용하다고 생각하게 되었습니다.

나의 작업을 아카이빙한다고 생각하시고 꾸며 나가시면, 팔로워가 늘어나고 줄어듦에 스트레스 없이 만들어가실 수 있지 않을까 싶습니다. 언젠가 시간이 흐르면 나의 작업을 응원하는 분들은 자연스럽게 모일 테니까요. 그러니, 지치지 않고 꾸준히 하기. 잊지 말아요.

5. 크라우드 펀딩 도전하기

책 인쇄비가 부담되신다면, 크라우드 펀딩(crowd funding)에 도전해보는 것도 좋아요. 크라우드 펀딩은 일정 금액을 목표 금액으로 잡고, 사람들이 책에 펀딩(후원)을 해서 목표 금액에 도달하면 펀딩 프로젝트가 성공하는 시스템이에요. 예를 들어, 100만원을 목표 금액으로 잡고 100만원 어치의 후원 금액이 들어오면, 펀딩은 성공하고 성공 후에는 달성 금액을 받아 갈 수 있지요. 또, 후원이 성공한 후에 사람들의 계좌 혹은 카드에서 금액이 빠져나가요. 플랫폼에서는 일정 수수료를 받고요.

크라우드 펀딩 플랫폼은 우리나라에 크게 '텀블벅(Tumblbug)'과 '와디즈(Wadiz)'가 있습니다. 이 중에서 자신과 더 잘 맞는 웹사이트에서 크라우드 펀딩을 진행하시면 됩니다.

크라우드 펀딩을 하기 위해서는 먼저 책의 소개가 필요하겠지요? 책을 다 읽어보지 않아도 책에 후원할 수 있도록 매력적이고 충분한 소개가 필요하겠습니다. 추가로 더

빠른 목표 금액 달성을 위해, 혹은 후원자분들께 감사의 의미로 재미있고 매력적인 굿즈를 함께 만들 수도 있겠지요. 이 부분은 각 플랫폼에서 나와 비슷한 책을 올려둔 다른 창작자들의 프로젝트를 많이 참고하시면, 프로젝트 페이지를 작성하는 데에 큰 어려움은 없을 거예요.

크라우드 펀딩 자체는 제작비를 확보하고자 하는 것이 첫 번째 이유이지만, 초반에 재고를 내보낼 수 있다는 점, 또 플랫폼을 통해 책이 자체적으로 어느 정도 홍보가 된다는 이유에서도 진행할 이유가 있다고 생각해요.

6. 북페어 참가하기
: 나의 책을 직접 판매하고 소개하기

국내외에 독립출판물을 판매하는 페어들은 상당수 존재합니다. 페어는 책을 만든 사람들이 신청을 하고 주최하는 곳에서 판단하여 참가팀들을 선정하게 되는데요. 선정에 대한 뚜렷한 기준이 있지는 않고 주관적인 자체 기준에 따라 선별이 됩니다. 여러 행사들을 주최도 해보고 참여를 해보면서, 물론 물리적인 책의 숫자도 중요하겠지만, 그보다 작업을 얼마만큼 해왔고, 창작자의 개성이 드러난다면, 충분한 요건이 되지 않을까 싶습니다.

아무래도 책을 판매하는 페어인 만큼 그 작업물이 책에 집중이 되어야 할 것 같고, 굿즈를 판매하기 위한 수단으로 책을 만드는 경우라면 선정에 어려울 가능성이 높습니다. 더불어 빈티지 마켓, 먹는 것을 판매하는 마켓의 경우에는 "파는 책인가요? 나눠주는 책인가요?"라는 질문을 계속 받을 수 있기에 신중히 살펴보고 판단하시길 권하여 드립니다.

더불어 매번 수업을 할때마다 독립출판의 일련의 과정들을 모두 한 번씩은 경험해보셔도 좋지 않을까요,라는 말씀을 드리곤 합니다. 저는 2012년 <언리미티드에디션>에 처음 참가를 하며 독립출판의 매력에 더욱 빠지게 된 케이스인데요. 지인들, 친구들에게 저의 첫 책을 판매할 때 지인들이 말로 하지는 않지만 '네가 만든 책이니까, 그래 내가 사준다'라는 느낌을 미묘하게 받았어요. 반면 페어에서 제가 만든 책을 매개로 이야기를 나누고 작업에 대한 질문과 대답이 오갈 때 '와, 이분이 정말 내 책에 대한 관심이 많구나, 너무 좋다'라는 기분을 받았었거든요. 사람마다 다르겠지만, 페어에서 내 책을 소개하며 판매해보는 것도 제법 근사하고 좋은 경험이라고 생각했어요. 간혹 "선생님 저는 페어가 안 맞는 것 같아요. 너무 스트레스를 받아요"라고 말씀해주시는 경우들도 있는데, 우리가 즐겁기 위해서 하는 활동이니까 신경이 많이 쓰이신다면, 페어 외에 다른 방식으로 내 책을 소개하고 판매할 수 있으니 염려 마시길.

언리미티드에디션

2009년 1회를 시작으로 2022년까지 매년 진행해오고 있는 북페어로, 서울아트북페어로 통용되어 부르기도 합니다. <유어마인드>에서 주최를 하며, 당인리 발전소 인근의 무대륙부터 복합예술공간 네모, 일민미술관 등 다양한 공간에서 열리다가 2017년부터 북서울 시립미술관에서 작년까지 언리미디트에디션이 열리고 있습니다. 대략 200여 팀이 참가하며, 방문객은 대략 2만여 명으로 추산할 정도로 국내에서 가장 오래되고 큰 규모의 행사로 인스타그램 계정과 트위터 계정을 통해 참가 모집에 대한 정보를 살펴보실 수 있습니다. 매년 10월 말부터 12월 초 사이에 진행하고 있으나 참가자 모집은 빠르면 5월에는 시작하는 편으로 유심히 살펴보셨다가 참여 의사가 있으시면 신청해보시면 좋지 않을까 싶습니다.

퍼블리셔스테이블

2013년 <헬로인디북스>와 <스토리지북앤필름>이 연합하여 만든 페어로 현재는 <디자인스튜디오 금종각>이 맡아 운영하는 독립출판 페어입니다. 앞에 언급한 <언리미티

드에디션>과 비슷한 규모로 매년 열리고 있습니다. 문화역 284, 한남동 디뮤지엄, 성수동 디뮤지엄을 거쳐 작년에는 홍대 무신사 테라스에서 열렸으며, 인스타그램 계정을 통해 소식을 받으실 수 있습니다. 이 페어 역시 매년 하반기에 주로 열리고 있어 사전에 살펴보시는 것을 추천드립니다.

리틀프레스 페어

2015년 해방촌에서 열렸던 언더그라운드마켓을 시작으로 퍼블리셔스테이블, 책보부상을 거쳐 새롭게 리뉴얼된 독립출판페어입니다. <스토리지북앤필름>과 김현경, 장하련, 오종길 작가가 함께 만드는 페어로 2022년 코엑스몰에서 150여 팀의 규모로 행사가 진행되었습니다. 인스타그램을 통해 참가에 관련된 소식들을 확인할 수 있습니다.

프롬더메이커즈

2016년 부산의 책방 <샵메이커즈>와 <프롬>이 함께 만든 아트북페어로 2017년 2회, 2019년 3회를 열었으며 매회 100여 팀이 참가하는 페어입니다. 부산아트북페어로도 불리는 이 행사는 서울이 아닌 곳에서 펼쳐지는 국내 첫 아트북페어로 첫 행사부터 잘 자리를 잡아 꾸준히 펼쳐지고 있습니다. 해운대에서 두 차례, 영도에서 한 차례 7월과 8월에 진행되었고 인스타그램과 트위터 계정이 있으니 관심 있는 분들은 살펴보셨다가 참가해보셔도 좋지 않을까 싶습니다.

제주북페어

제주 <탐라도서관> 주최로 시작된 <제주북페어>는 한라체육관에서 2019년 4월 처음 열려 2022년 4월 2회, 현재까지 총 두 차례 진행되었습니다. 매회 200팀이 참가하는 수준이며, 참가비는 없고, 점심과 커피(텀블러 지참 시)가 제공이 되는 아주 고마운 페어입니다. 벚꽃이 떨어질 즈음 열리다 보니 행사에서 느끼는 즐거움도 있지만 주변의 풍경을 통해 느끼는 점들도 꽤 좋은 기억으로 남을 수 있습니다. 전반적인 부스들의 판매도 나쁘지 않은 것으로 알고 있어 제주에 놀러 갈 겸, 나의 책을 판매해보는 경험도 해보시면 좋지 않을까 싶습니다.

대구 아마도 생산적 활동

2012년부터 독립책방을 운영해오고 있는 <더폴락>에서 주최하는 행사로 40~50여 팀이 참가하는 북페어와 함께 전시, 공연까지 열리는 행사입니다. 매년 10월에 열리며, 페어의 별도 계정은 없이, <더폴락>의 소식을 통해 <아마도 생산적 활동>에 대한 정보는 받으실 수 있습니다.

순천 자란다 아트북페어

순천에 위치한 독립책방 <책방심다>에서 주최하는 행사로 매년 40~50팀의 규모로 순천에서 열리는 아트북페어입니다. 매년 하반기에 열려 아름다운 갈대들을 만끽할 수도 있고 순천 그리고 순천과 가까운 곳에서 오시는 방문객이 기존의 손님들과는 달라 새로운 접점을 만들어보실 기회가 될 수 있습니다. <책방 심다> 계정을 통해 페어 소식이 올라오니 참고하셨다가 살펴보시면 좋을 것 같습니다.

그 외

세종예술시장 소소

커넥티드 북페어

오프페이퍼 북페스티벌 (책, 다시)

군산 색다른 북마켓

7. 해외 서점 입고 및 해외 페어 참가

해외 서점 입고

뉴욕, 런던, 베를린, 도쿄 등 세계의 대도시에서 독립책방은 꽤 많이 존재하고 있습니다. 우리나라와 마찬가지로 소설, 그림, 사진 등 장르별로 구분된 책방들부터 독립출판으로 제작된 책들만 판매하는 경우들, 헌책방 등 책방 운영자의 운영 방식에 따라 다양한 책방들을 마주할 수 있습니다. 특히 해외의 독립출판물들의 경우 텍스트 기반의 출판물이 많은 우리나라와 달리 사진과 그림, 비쥬얼 아트로 제작된 책들이 주를 이루고 있으니 사진과 그림 등의 작업을 하는 분들께는 좋은 판로가 되지 않을까 싶습니다.

입고하는 방식은 국내 책방과 동일한 방식으로 입고 예정인 책방이 있는 도시로 여행을 갈 일이 있으시다거나 체류하시는 경우에는 충분히 입고 가능합니다. 우편으로도 보내실 수도 있겠지만, 배송비를 감안하여 책의 가격을 책정하여 입고하시는 것을 추천해 드립니다. 비교적 우리나라의 출판물들의 가격이 저렴한 것을 감안하면, 우리나라의 판매가격에서 조정하셔도 무관하지 않을까 싶습니다.

때로 해외의 책방들에서 먼저 입점을 제안하기도 합니다. 도쿄의 대형서점 체인 가운데 한 지점은 우리나라의 독립출판물들을 꾸준히 소개하고 판매를 해왔는데요. 그런 경우 제안 메일을 보냅니다. 책을 먼저 40~50권 구매하며, 공급가의 50% 그리고 배송비는 반반 부담하는 방식이 상당수 차지를 하는데요. 이 조건이라면 서로가 서로에게 나쁘지 않은 조건이라고 생각합니다. 책을 판매하는 입장에서는 한 번에 40~50권의 재고가 소진되며, 바로 결제를 받을 수 있어 판매가 이뤄져 거래 이후에 대한 관리를 하지 않아서 좋고, 판매하는 책방의 입장에서는 조금 더 할인된 금액으로 책을 매입해서 책의 판매가격을 조정하여 수익을 낼 수 있기 때문이죠.

해외에 위치한 책방을 찾아보려는 경우 구글에서 'London independent bookshop'을 검색하면 런던에 위치한 독립책방들을 한눈에 찾아볼 수 있고, 도시의 이름만 바꿔 검색하면 도시마다 위치한 독립책방들을 살펴보실 수 있습니다. 사진과 더불어 SNS도 바로 찾아볼 수 있으니 시간을 가지고 방문할 도시, 입고하고 싶은 도시의 책방들을 천천히 살펴보고 결정하셔도 좋을 것 같습니다.

책방을 찾기에 참고하면 좋은 사이트 'https://bookshop-index.tumblr.com'에서 검색을 통하여 현재 영업 여부를 확인해야겠지만, 나라별로 정리가 되어 있어 보는 재미가 쏠쏠합니다.

해외 페어 참가

우리나라에서 페어들이 다양하게 열리는 만큼 해외에서는 더욱 많은 페어들이 열리고 있습니다. 해외에서 열리는 페어 참가를 위해서는 사진, 그림을 기반으로 한 작업일 경우 참여가 수월할 수 있고, 텍스트의 기반으로 작업을 하셨을 경우에는 영문 번역본이 있다면 참여에 무리는 없을 것 같습니다. 중국의 경우 비주얼 서적뿐만 아니라 한글로 된 책들의 판매고도 높은 편으로 해외 페어 참가 시 참고하시면 좋을 듯합니다.

뉴욕의 독립책방 <Printed Matters>에서 주최하는 <뉴욕아트북페어>와 <LA아트북페어>가 대표적으로 세계에서 가장 큰 규모로 9월과 5월에 열립니다. 유럽의 경우 파리, 런던, 베를린 등 대도시 군을 중심으로 아트북페어가 매년 열리고 있고 작은 마을 단위로도 책 관련된 다양한 행사들이 열리고 있어 국내 팀들도 많이 참여를 하고 있습니다. 파리는 <offprint>, 런던은 <런던 아트북페어>, 베를린은 <miss read>의 이름으로 아트북페어가 열리고 있어 참가를 원할 경우 구글에서 검색을 통해 살펴보시면 실수 없이 원하시는 행사 신청, 참여가 가능하십니다.

아시아의 경우 매년 9월 열리는 <도쿄아트북페어>가 참가팀이 350여 팀 수준으로 가장 큰 규모이나 판매는 전반적으로 좋지는 않을 수 있습니다. 10월에는 타이베이 아트북페어, 방콕 아트북페어, 홍콩, 싱가포르 등 도시마다 아트북페어들이 열리고 있습니다. 세계적으로 단 시간내 급부상하는 페어는 <Unfold - 상하이 아트북페어>로 2018년 80팀으로 시작하여 2019년 280팀으로 확장된 페어이며, 전반적인 판매가 높은 것으로 알려져 있습니다.

중국의 경우 위챗 페이를 비롯해 스마트폰을 통한 결제 방식이 100% 수준이며, 도쿄, 타이베이를 비롯해 유럽, 북미는 대부분 현금 결제를 합니다. 우리나라 페어의 경우 현금, 카드, 계좌이체, 카카오페이 등 다양한 채널로 판매가 이뤄지고 있어 페어 참가 시 참고하시면 좋을 듯싶습니다.

8. 전자책으로도 책을 판매할 수 있나요?

리디북스 등에서 볼 수 있는 전자책은 'epub'이라는 파일로 제작을 하시고, 전자책용 ISBN을 발급받으셔서 유통하실 수 있습니다. 'epub' 파일은 html과 CSS 기반의 'Sigil'이라는 프로그램을 사용해 제작합니다. 코드에 익숙한 분들은 유튜브 교육 영상만으로도 제작이 수월하실 거예요. 다만, ISBN을 발급받아야 하니, 출판사 등록과 사업자 등록이 필수입니다.

다른 방법으로는 PDF 파일을 판매하는 것입니다. 텀블벅 등의 크라우드 펀딩 플랫폼에서도 펀딩을 할 때 PDF본 책을 보내주는 경우가 있고, 또 크몽과 같은 사이트에서 PDF 전자책을 판매하실 수 있습니다.

덧,
마이크와 현경의 대담

각자 소개를 부탁드립니다.

마이크 안녕하세요, 2008년도부터 <스토리지북앤필름>을 운영하고 있는 마이크입니다. 책방을 운영하며 책을 만들고, 책 만드는 수업을 진행하고 있습니다. 지금까지 쓴 책으로는 <내가 책방 주인이 되다니>가 있고요. 다양한 사진 엽서책도 만들고 있습니다.

김현경 2016년에 <아무것도 할 수 있는>이라는 우울증 인터뷰집을 독립출판 하면서부터 지금까지 독립출판을 해오고 있습니다. <웜그레이앤블루>라는 출판사를 운영하고 있고, 여러 공간과 기관, 플랫폼에서 독립출판 수업을 하고 있습니다. 프리랜스 디자이너로도 작업하고 있고요.

이 책을 어떻게 기획하게 되었나요?

김현경　오프라인 수업을 진행하면서, 많은 분들께서 시간이나 공간 때문에 찾아오시지 못하는 경우를 봤습니다. 여러 공간과 기관, 다양한 플랫폼에서 수업을 해오며 쌓아온 '책 만들기'에 대한 이야기들을 풀어내 보면 좋겠다는 생각이 들었습니다. 그래서 마이크 사장님께 함께 책 만들기에 대한 책을 만들지 않겠느냐고 제안해 드렸습니다.

마이크　수년 동안 고민을 해왔던 부분이었어요. 왜 이런 책을 안 내느냐는 부분에서요. 저희가 만나서 독립출판물을 만들 때, '이렇게 해라'는 단언하는 책이 아니라 '이렇게 하면 좋겠습니다'라고 말하는 책이면 좋겠다고 생각했어요. 무엇이 옳다, 그르다 하는 부분이 아니라요. 현경 작가님께서 말씀하신 것처럼 물리적인 거리 때문에 수업에 함께 하고 싶어도 못 하는 분들께 조금이나마 도움이 되지 않을까 싶어서 합류하게 되었습니다.

이 책을 기획하면서
가장 신경 쓴 부분은 무엇인가요?

마이크　　많은 분들이 각자의 작업을 꼭 했으면 좋겠다는 바람으로 작업했어요. 내가 '내고 싶다'는 마음이 든다면 책을 한 번쯤 작업해보면 좋겠다고 생각했거든요. 그래서 최대한 어렵지 않고 접근하기 쉽게 책을 만들어야겠다는 목표로 작업했어요.

김현경　　최대한 많은 노하우들을 담아내고자 했습니다. 지금까지 수업한 자료들을 굉장히 많이 훑어보기도 하고, 어떻게 수업을 했는지 찾아보기도 했습니다. 그래서 다양한 방향을 제시할 수 있으면 좋겠다는 생각을 했고요. 인쇄 파트에서도 최대한 제가 쓸 수 있는 한 써보고, 또 인쇄소 측에도 자문을 요청할 정도로 세세하게 담아내자고 다짐하며 썼습니다.

이 책을 잘 활용할 수 있는 방법이 있을까요?

김현경 기획과 콘텐츠 제작 부분은 그 순서가 바뀔 수도 있어요. 콘텐츠가 제작되어 있는 상황에서 기획을 더하는 거죠. 그리고 또, 디자인 작업을 특별하고 재미있게 하려면 인쇄 파트에 대한 이해가 필요해요. 그래서 인쇄 파트를 먼저 쭉 읽어보신 다음에, '내가 어떤 디자인을 더 재미있게 할 수 있을까'를 고민해보는 방법도 있겠습니다.

마이크 가장 중요한 건 책을 만들고자 하는 마음, 그리고 마감일. 이 책을 곁에 두고 세세하게 잡은 마감 스케줄에 따라서 책 만들기 작업을 하시면, 충분한 결과물이 나올 것이라고 생각합니다. 혼자 하는 작업이다 보니 차일피일 미룰 수도 있겠지만, 마음을 먹은 만큼 이번 기회에 이 책과 함께 '나만의 책'을 만들어 보셨으면 좋겠습니다.

독립출판을 꾸준히 하게 하는 힘이 있나요?

김현경   역시나 책이 나오는 그 순간 때문이에요. 오래도록 작업하고 만들어온 책이 인쇄되어 나오는 순간은 몇 년이 지난 지금까지도 짜릿합니다. 동시에, 제가 만든 책들을 사람들이 읽어주고 피드백해 주는 순간들도 '계속 무언가를 만들고 싶다'는 동력이 돼요.

마이크   재미있으니까요. 책을 만드는 과정 자체가 재밌기도 하고, 내가 만든 책이 세상에 나와서 다른 사람들에게 보이는 모습도 궁금해지고, 피드백들도 유의미합니다. 직장 생활만 했다면 느끼지 못했을 경험이라고 생각하거든요. 특히 다른 굿즈를 만드는 것보다 책 만드는 일의 의미가 더 크게 느껴져요. 책에는 정말 많은 이야기가 담길 수 있으니까요. 그래서 계속 독립출판물을 만들고 있는 게 아닐까 싶네요.

책을 언제, 어떻게 기획하시나요?

김현경   평소에 느끼고 볼 수 있는 것들이 다양한 소재라고 생각해요. 예를 들어, 우울증 이야기도 "왜 개인의 우울증은 이야기하지 않을까?"라는 생각에서부터 시작되었고, <INK ON BODY : 한국 여성 타투 이야기>라는 책도 타투를 한 여성들에게 눈길이 가면서 '왜 타투를 했을까, 어떤 고민이나 어려움은 없었을까'하는 생각으로부터 시작했어요. 이런 식으로 평소에 가지고 있던 생각들을 책으로 만들고자 하는 경우가 많아요. 그래서 기획 노트에 지금도 많은 소재들이 쌓여 있고요.

마이크   <스토리지북앤필름>에는 단행본과 에세이 시리즈, 사진 엽서북으로 세 부류의 책들이 있어요.

단행본의 경우에는 현경 작가님의 기획과 비슷해요. <move move move>의 경우에는 운동을 하면서 운동하는 사람들의 이야기가 궁금해져서, 처음으로 매거진 형태로 책을 만들게 됐거든요. 사진엽서북은 주제와 도시라는 큰 틀 안에서 기획한 뒤 사진을 선택해 책으로 만들고 있습니다.

발행한 책 중 기억에 남는 책이 있나요?

마이크 발행한 책 중에는 아무래도 오수영 작가님의 <순간을 잡아두는 방법>이 아닐까 싶습니다. 수영 작가님이 평상시에 SNS에 적어둔 짧은 글들을 엮어 만든 책이었는데, 그걸 책으로 만들자고 제안했을 때 "괜찮을까요?" 하며 걱정을 하시더라고요. 저는 짧은 글이더라도 읽는 사람들에게 여운을 남기고 생각할 거리를 만들어 줄 여지가 충분하다고 생각했어요. 어느 시점부터 손님분들이 이 책을 많이 찾아주셨고, 수영 작가의 다른 책들도 판매가 잘 되더라고요. 그러면서 이 책을 내길 잘했다고 생각했어요. 작가님의 글이 더 많은 사람들에게 전해질 수 있는 계기가 되었다고 생각해서요.

김현경　<INK ON BODY : 한국 여성 타투 이야기>라는 책이 있습니다. 평소에 책을 만드는 과정 자체를 즐기지는 않는데, 이 책은 기획부터 인터뷰를 하고 에세이를 받고 디자인을 하는 전 과정이 즐거웠어요. 제가 여성들의 타투에 관심이 많아서 그런지, 인터뷰를 하며 동질감을 느끼거나 재미있다는 생각을 많이 했어요. 그리고 책 자체도 예쁘게 잘 나와서, 지금도 굉장히 마음에 듭니다.

다른 제작자가 발행한 책 중
기억에 남는 책이 있나요?

마이크　다른 책으로는 역시나 <록셔리> 시리즈죠. 이 매거진은 2012년부터 2016년까지 발행되었어요. "꿈과 희망이 넘쳐흐르는 디스코 뽕짝 코미디물"이라는 컨셉을 가지고 내는 매거진이었어요. 이 책은 굉장히 노력이 들어간 책이고, 또 B급 정서가 들어가 있어요. 읽다 보면 피식피식 웃게 되고, 기획의 기발함이 있어요. 예를 들어, 도림천에서 생수통을 엮어서 배를 만들어 타고 다니는 '노 비자 아일랜드' 프로젝트나, '토일렛 캘리포니아'라고 공중화장실에서 노숙하는 모습을 찍기도 했었죠. 지금 유튜브로 만들면 진짜 잘될 것 같아요.

김현경   <6699프레스>의 <서울의 목욕탕>과 <서울의 공원> 두 종류요. 저도 아카이빙하는 걸 좋아하는 편인데, 이 책들은 그중에서도 좋은 퀄리티로 멋진 아카이빙을 했다고 생각해요. 특히 지금은 사라지고 있는 옛날 목욕탕들을 어떻게 아카이빙할 생각을 했을까 싶기도 하고, 무엇보다 책의 퀄리티가 굉장히 좋습니다. 소장욕을 불러일으키죠.

책 만드는 과정 중 가장 재미있는 과정은?

김현경   저는 역시나 기획할 때가 가장 재미있어요. 어떤 책을 만들까, 어떻게 만들까, 어떤 사람들이 읽어줄까를 상상하는 과정이 즐겁습니다. 제가 디자이너다 보니 디자인이 재미있을 거라고 생각하시는 분들도 계실 텐데, 디자인하는 과정은 꽤 지루합니다. 하나 더하자면, 특별한 인쇄를 할 때 꽤 즐거움을 느끼는 것 같아요. 예를 들어, 무지개 박이나 홀로그램 박처럼 좀 생소한 박을 이번에 처음 써봤거든요. 그런 식으로 결과물을 상상하는 단계가 굉장히 즐겁습니다.

마이크　　책을 만들고 페어에 참가했을 때가 즐거웠어요. 지금은 조금 힘에 부치지만요. 제가 만든 결과물을 정성스레 살펴봐 주시고, 작업에 대한 질문이 오갈 때 '아, 이 책을 만들기 잘했구나'라는 생각을 했어요. 책방을 하고 있음에도 불구하고요.

책을 만들고자 하는 분들께 전하고 싶은 말은?

마이크　　만들어 보면 압니다. 반복적으로 이 말을 하고 있는데, 만들어 보시면 왜 같은 말을 반복했는지 알 수 있을 거라 확신해요. 생각보다 힘든 일일지도, 생각보다 힘들지 않은 일일지도 모릅니다. 그럼에도 한번 도전해보시면 상상 이상의 가치가, 즐거움이 있을 거라고 생각합니다.

김현경　　나가는 말로 대신합니다. :)

나가며,

김현경

책을 마무리하는 중에 글을 남깁니다. 여전히 "충분히 많은 것들을 알려드렸을까?" 고민이 되는 시점이지만, 최선을 다해 작업을 하고 있습니다. 이 책을 통해 많은 분들이 자신만의 책을 만들어 보셨으면 하는 바람을 가지고서 말입니다.

"여러분의 창작을 응원합니다"

위의 글귀를 매 수업마다 띄웁니다. 자신이 직접 책을 만드는 일은 생각보다도 더 멋지고 대단한 일이라고 생각합니다. 자신이 쓰고 디자인하고 인쇄를 맡긴 책을, 누군가가 구매하고 읽어주고 피드백을 주는 일은 우리 삶에 몇 없는 특별한 일일 테니까요. 그래서 이 책을 읽어내신 분들이 어떤 콘텐츠든 자신이 가진 이야기들을 세상에 내어놓아 보았으면 좋겠습니다.

책을 만드는 일은, 내가 쓰고 만든 것이 책이라는 물성을 가진 것이 되어 손에 쥐어지는 일은, 제게도 아직까지도 특별하고 짜릿한 일입니다. 종종 제가 쓰고 만든 책을 검색해보며 리뷰를 봅니다. 그때마다 또다시 새로운 책으로 이야기꾼이 되고 싶다는 생각을 하게 됩니다. 이 책도 책이 된다면 물론 그럴 테지요.

그래서 여러분들도 함께, 같은 경험을 해보시면 좋겠습니다.
당신의 창작을 응원하며,

김현경

기획에서 유통까지,
나만의 책 만들기

copyright ⓒ 2023, storage book and film

글
마이크, 김현경

편집 **오종길**
도움(인쇄 파트) **금비피앤피 곽민주 님**
디자인 **김현경**

펴낸 곳 **STORAGE BOOK AND FILM**
홈페이지 **storagebookandfilm.com**
이메일 **hbcstorage@gmail.com**

instagram **@storagebookandfilm**

초판 1쇄 발행 **2023년 4월 6일**
초판 2쇄 발행 **2024년 11월 30일**

ISBN **979-11-982232-2-7 (13010)**

*이 책 내용의 전부 또는 일부를 재사용하려면
 펴낸 곳을 통해 저작자의 동의를 받아야 합니다.